모으고
나누고
가꾸고

兪相玉 수필집

사단법인 한국수필가협회

초판 발행 2018년 12월 3일
지은이 俞相玉
펴낸이 한국수필가협회
펴낸곳 한국수필가협회 **북 디자인** Micky Ahn **교정 교열** 오재령

등록 2005년 3월 22일
등록번호 제 2011-000098호
주소 서울시 마포구 양화로 156 엘지팰리스 1906호
전화 02-532-8702~3 **팩스** 02-532-8705
전자우편 kessay1971@hanmail.net
공급처 코드미디어 T 02-6326-1402

ISBN 979-11-87221-16-6 03810

정가 12,000원

이 책은 2009년 4월부터 2018년 10월까지 미술전문지, 월간문학지 등에
발표한 글들을 엮은 수필모음집입니다.

이 책의 판권은 지은이와 한국수필가협회 출판부에 있습니다.
잘못 만들어진 책은 교환해드립니다.

모으고 나누고 가꾸고

兪相玉 수필집

사단법인 한국수필가협회

작가의 말

    수필집 『나의 소중한 것들』(2008)을 출간한 이후 여러 수필집에 글을 내며 지낸 지 올해로 10년이 되었다. 『나는 60에도 화장을 한다』(1993), 최근 발표한 『따뜻한 세상을 만드는 CEO』(2016)에 이어 이번에 발표하는 『모으고 나누고 가꾸고』(2018)는 내가 펴내는 열 번째 책이 된다. 내가 펴낸 책 중 『화장하는 CEO』(2002)는 중국 하얼빈 방송국에서 연속 낭독 방송을 마치고 중국어 번역판으로 출판된 지 여러 해가 지났다. 14억 인구의 중국에서 코리아나 화장품을 홍보하는 책으로 잘 쓰이고 있다니 다행이다.
    이 책은 제목에서도 알 수 있듯이 옛 화장 유물과 미술품들을 모으고, 사회에 환원하며, 삶을 가꾸어 온 유상옥의 글들을 엮었다. 살면서 잘 모으고 이웃에 보이는 것이 문화 활동이 아닌가. 사람들과 나누고 문화를 공유하고자 코리아나 화장박물관과 코리아나미술관이라는 문화의 장을 강남 한복판에 세운 지도 올해로 15년이 되었다.
    제약 회사에 입사해 박카스를 키우고, 회사 임원으로 승진하며 어려운 경영 환경의 회사를 기사회생시키느라 30년을 쏟았다. 그 후 창업한 코리아나 화장품을 성장시키는 데 30년이 흘렀다. 기업가 정신으로 코리아나를 일궈낸 이야기도 이 책에 담겨 있다.
    10년 전 뇌출혈로 쓰러졌을 당시 나는 돌아오지 못할 강을 건널 뻔했다. '해야 할 일도 많은데 왜 벌써 오느냐'는 꿈속의 목소리를 듣고선 깨어난 이후 더욱 열심히 문화를 나누어야겠다고 다짐하며 오늘에 이르렀다. '회장님 요즘 건강은 어떠신지요, 건강하신가요?' 인사를 받으면 '먼저 가버린 친구들이 여럿이니 갈 때가 되면 가는 것이 인생이지요.' 하고 우스갯소리로 대답한다. 미수米壽가 다가오는 나이지만 아직도 글을 쓰는 것이 기쁘다.

여러 해 동안 글을 써오면서 같은 내용이 겹치기도 하였다. 중언부언重言復言 같지만 기업가 정신이나 고향 이야기가 내 인생의 가장 중요하고 소중한 주제여서 고치지 않고 발표된 그대로 소박하게 실었으니 양해를 부탁드린다.

이 책을 펴낼 수 있었던 것은 창업 초기를 함께 보냈던 나의 창업 동지들, 코리아나 화장품을 아껴주는 많은 소비자 여러분, 현장에서 땀흘리며 일하는 코리아나 화장품 식구 모두들 덕분이다. 고마움을 표현하고 싶다. 코리아나 화장품이 사회적으로 공헌하는 기업으로 성장하며 CEO 유상옥이 모으고 나누고 가꿀 수 있었던 원동력은 바로 여러분이다.

많은 분들이 물기物氣를 드높이고 문기文氣도 함께 높이길 바란다. 박물관, 미술관을 자주 가보며 문물文物을 가까이 두는 삶이 바로 문화인文化人의 삶이기 때문이다.

2018. 11. 醉香亭에서

Contents

작가의 말 _4

1
모으고

나의 미술품 수집 이야기 _12
벨 수집 _15
일중 김충현 선생을 기리며 _20
추위도 잎 푸른 소나무처럼 _26
30년 만에 다시 찾은 미인도 _30

2
나누고

국립박물관에 시집보낸 애장품 _38
주고 나니 뿌듯 _42
푸른 산속에 옛 문화시설 _46
대학이 들어선 나의 과수원터 _50
삶을 기록으로 남겨라 _54
내가 살던 마을, 청양 갑파 _58
팔반의 하루 _63
주판 학교냐? 야구 학교냐? CEO다 _66
양재천을 걸으며 문화재 기증 생각 _70

3

모시고

상갑리 산신제 _76
나의 조부 순재공 _79
가례를 지켜온 나의 할머니 _83
종부 _87
조상 모시기 _91
숭조하며 자손 사랑 _95

4

배우고

덕수고 100년 _100
국난 시절의 교육과정 _109
존경하는 소고 이항녕 은사님 _117
아버지의 교훈 _120
고문화 크게 펼치신 혜곡 최순우 관장 _123
진태하 이사장님을 그리워하며 _127

Contents

5 기르고

줄탁동시 _132
다시 찾은 나의 삶 _136
나이 든 CEO의 치병기 _141
한맹을 벗어나 한자를 아는 나라로 _144
기업 하기 좋아야 _147
한국인의 기본 문자는 한자와 한글 _152
병후에 건강의 참맛을 알다 _156

6 이루고

성취의 기쁨 _162
성취하는 삶 _165
기업가 정신 _167
화장하는 남자 _171
기업이 나라의 힘 _174
자기 성취의 일자리 _177
그는 성장하고 나는 성취하고 _181

7

다니고

다시 찾은 경주 옛 문화 _188
경순왕릉을 찾아서 _195
휴일을 즐기는 모습 _198
어릴 때를 돌아보며, 꿈에 본 옛 고향 _202
산책하며 걱정도 _206
중남미문화원을 다녀오고 _210
설에 그려보는 고향 _213
CEO의 출장 사흘간 _216
아침 풍경과의 만남 _221
오키나와 기행 _224

8

펼치고 한국경제신문 컬럼

기업이 나라의 힘이다 _230
배움에는 끝이 없다 _232
기업의 인재 교육 _234
어린이의 눈에 비친 CEO _236
참된 인재상 _238
전문 경영인 _240
고적을 찾는 재미 _242
불철주야 _244

부록(시) · 四代母情 _247

나의 많은 종들은 내 지나온 삶의 산증인들이다.
그것을 손에 넣었을 당시의 내 생활과 철학과 기쁨과 좌절을,
그것들은 누구보다 잘 지켜보았을 터이다.

- 「벨 수집」 중에서

1부
모으고

나의 미술품 수집 이야기

살면서 취미가 있는 삶은 즐겁다. 그것이 수집하는 취미일 경우, 모을 때 즐겁고 모아놓고 감상하는 기쁨 역시 그 무엇에 비견할 수 없을 정도로 남다르다. 내가 미술품 수집을 내 삶의 취미로 삼기 시작한 것은 한국화에 대한 관심이 높아가던 70년대 초 중반경으로 거슬러 올라간다. 당시 그림 보기에 빠져들어 틈만 나면 인사동 화랑가에 드나들곤 했다. 그때 만난 작품이 소정 변관식小亭 卞寬植의 산수화였다. 당시 제약회사 월급쟁이로 일하고 있었던 나는 연말 보너스를 봉투째 내주고 그 그림을 구입하였다. 그것이 나의 첫 수집품이었다. 나는 이 작품을 통해 어린 시절 농촌에서 자라던 향수를 느끼고 뒷동산에서 진달래 꺾던 추억을 되살리곤 한다. 소정의 산수화는 나의 감성을 기르고자 그림 감상을 하던 시절 어렵게 산 첫 작품이어서 더 정이 간다.

70년대 후반 들어 직장이 제약회사에서 화장품 회사로 바뀌면서 청자유병, 백자 분항아리, 고려 동경, 비녀, 비치개, 노리개 등 전통 화장도구나 여성용품으로 수집 방향을 바꾸었다. 청자상감모자합靑磁象嵌母子盒도 그 당시 수집한 고미술품이다. 큰 합 속에 작은 합이 여러 개 들어있어 분, 연지, 눈썹먹 등을 담을 수 있는 이 그릇에는 얼굴을 아름답게 가꾸고자 하는 고려시대 여인들의 바람처럼 화려하고 다양한 문양들이 상감기법으로 새겨져 있다. 한국 여인의 미美를 향한 소망이 담긴 전통 화장도구 수집은 지금까지 나의 주된 일상이 되었고, 그렇게 모은 4천여 점의 유물들은 코리아나 화장박물관 설립의 근거가 되었다.

80년대 해외 출장길에 유명 화장품 회사가 운영하는 미술관들을 관람하면서 나는 다시 그림 수집에 대한 열정을 가지게 되었고, 나의 회사도 전문 미술관, 박물관을 만들어 세계적 기업으로 발돋움해야겠다는 의지를 굳히게 되었다.

1988년 코리아나 화장품을 창업하게 되면서 나는 미인도 수집에 몰두하였다. 파리의 스위스 빌리지Swiss village 화랑가에서 조우한 마리 로랑생Marie Laurencin(1883~1956)의 여인 이미지와, 루브르 박물관 옆 루브르 앤틱 상가에서 우연히 만나 소장하게 된 샤를 고티에Charles Gautier(1831~1891)의 대리석 조각 〈아침 Le Matin〉은 지금까지 내 마음속의 여인으로 자리 잡고 있다. 오랜 기간 수집한 수많은 미인도 중 나는 이당 김은호以堂 金殷鎬 선생의 춘향도에 유독 애정이 간다. 녹의홍상綠衣紅裳에 잘 빗어 내린 검은 머리와 단정한 가르마, 맑은 눈과 고운 피부가 한국 미녀의 품위를 보여준다. 나는 이 작품을 볼 때마다 키가 크고 학같이 고우신 인자한 모습의 이당 선생과 화랑에서 담소를 나누던 시절이 떠오른다.

50년간을 마치 밥을 먹듯 미술품과 문화재를 수집하다 보니 어느덧 미술품과 유물이 5천 점 가까이 이르게 되었다. 수천 점의 미술품들이 들려주는 수많은 이야기와 역사적 가치를 나 혼자서만 소유하기에는 너무나 아까웠다. 해서 평생 모은 미술품과 문화재를 많은 사람들이 즐길 수 있었으면 하는 바람으로 스페이스 씨를 2003년 신사동에 설립하였다. 많은 사람들이 코리아나미술관, 화장박물관에서 작품의 아름다움을 발견하고 즐기는 모습을 보는 것은 나의 큰 행복이다. 건물에 물건만 쌓아 놓으면 창고가 되고, 살림살이가 있으면 집이 되고 문화적인 물품이 있으면 문화적 공간이 된다. 문화가 있는 공간이 참 삶의 보금자리이다. CEO가 문화재를 수집하고 박물관과 미술관과 같은 문화시설에 투자하여 문화적 참 삶의 보금자리를 점차 늘려가는 것은 또 하나의 사회적 공헌이라 믿는다. 미술품과 문화재를 모아 전시하고 연구하고 계승한다는 소명의식이 우리나라에 넘쳐나길 바란다.

서울아트가이드. 2011.04

벨bell 수집

특정한 물건 한 가지를 꾸준히 모아 온 사람들의 이야기가 간혹 잡지나 신문에 소개되는 일이 있다. 그런데 그 글들을 볼 때마다 나는 그냥 무심히 지나쳐 버리지 않는다. 그가 선택한 물품이 진귀한 것이건 아니건, 또 그 개수나 종류가 방대한 것이건 아니건, 일단 한 가지 일에 끈기 있게 매달려 온 그의 집념만은 높이 살 만하기 때문이다. 그 집념은 단순히 돈으로 되는 것이 아니다. 주위 사람들이 이해하기 힘들 정도의 부지런함과 자신의 애장품에 대한 은밀한 애정이 없이는 불가능하기 때문이다.

오래 전부터 나도 관심 있는 물건을 모으는 수집꾼이 되었다. 그래서 적지 않은 종류를 모았고, 주위 사람들로부터 '수집가'라는 소리를 듣기도 한다. 하지만 그 수집품들을 둘러볼 때마다 새삼 나 자신의 자세에 대해 반성해 보게 된다. 과연 하나하나 정성을 다해 모아 왔는지, 혹 돈만으로 내 것을 만들려고 했는지, 남들에게 그 숫자나 종류를 과시하려 했던 것은 아닌지….

그 같은 반성 끝에 스스로에 대한 마음다짐이 이어진다. 진정한 수집가의 정신이 무엇인지를 늘 환기해 보면서, 한 점 한 점에 대해 편견 없는 애정을 키워 가자는, 그리하여 남은 나의 삶도 그같이 충일한 나날이 되게 하자는 마음다짐.

내가 종과 인연을 맺기 시작한 것은 1981년 경부터였다. 회사의 만성적자를 어떻게든 흑자경영으로 반전시켜 보려고 뛰어다니던 그때, 나는 새로운 브랜드 개발에 온 정신을 다 쏟고 있었다. 당초 개발 컨셉에 따라 내용물은 정해졌으나 그것을 담아 소비자 앞에 내놓을 브랜드명과 용기 디자인을 정하는 게 문제였다. 만성적자를 흑자로 바꿔 놓을 수 있을 만한 획기적인 용기와 제품명! 나는 자나깨나 그 생각뿐이었는데, 최종적으로 확정된 것이 종의 모양을 따서 만든 〈라미벨〉이라는 상표였다.

브랜드명을 정하고 얼마 되지 않아 마침 박사학위 취득과 시장조사 차 미국 출장을 가게 되었다. 긴 비행시간 내내 광고를 어떻게 할 것인지 구상에 몰두했다. 그러다 갑자기 떠오른 아이디어가 있었으니, 광고에 깜찍한 벨을 등장시키면 〈라미벨〉이라는 이름과 연결되어 소비자가 기억하기 쉬울 것 같았다. 미국에 도착하자마자 백화점을 다니며 예쁜 종 모양을 찾았다. 그때 미국에서 구입한 종. 이후부터는 세상의 모든 종이 예사롭게 보이지 않았고, 급기야 그 종을 사 모으는 수집꾼이 되고 말았다.

동양의 종과 서양의 종은 그 구조에서부터 차이가 있다. 동양 종은 종신鐘身 표면을 당목撞木이라는 통나무로 쳐서 소리를 내는 구조인데 반해, 서양 종은 종신 내부에 추를 매달아 종 전체를 흔들어 소리를 내게 하는 내타식內打式 구조인 것이다. 하지만 이러한 차이점에도 불구하고 동서양을 통틀어 종이 갖는 의미는 마찬가지이다. 불행을 쫓고 행운을 불러오는 성스럽기까지 한 소리가 바로 종소리인 것이다.

우리나라에서는 예로부터 종소리를 통해 백팔번뇌를 없애는 공덕을 찬미했고, 그 종소리를 통해 제행무상諸行無常을 깨달았으며, 우리들 삶이 번뇌와 사악으로부터 구제되기를 기원했다. 종을 치면 악귀를 쫓고 중생의 고통을 없애는 동시에 희망찬 앞길을 열 수 있다는 믿음이 있었던 것이다.

방울과 종을 구분없이 벨이라고 부르는 서양에서는, 예로부터 종교적인 의식에서 빼놓을 수 없는 부분이 바로 종을 치는 일이었다. 모든 교회에서는 사악한 것을 경계하는 의미로 일정 시간마다 종을 울리도록 했고, 세례나 결혼 등의 의식에서도 앞날을 축복하는 뜻에서 종을 울리곤 했다. 이렇듯 종은 동서고금을 막론하고 악을 쫓고 행운을 가져오는 성스러운 역할을 해왔다.

그 같은 역할을 잊지 않고 있었던 것인지, 새로운 '종'으로 등장한 〈라미벨〉은 만만치 않은 행운을 몰고 왔다. 이 브랜드 발매를 계기로 매출이 급격히 상승하여 모든 비용을 공제하고 수년간에 걸친 만성적자가 흑자로 돌아섰으니, 경영자인 나로서는 〈라미벨〉이 울린 종소리를 행운과 축복의 소리로 여기지 않을 수 없었다. 〈라미벨〉은 나로 하여금 신명나는 흑자경영을 실현하게 했을 뿐만 아니라, 지금 내 곁을 지키고 있는 수많은 행운의 종들을 이어준 중매자 역할까지 했던 셈이다.

내가 종을 모은다는 사실을 안 친구들은 국내외를 여행할 때마다 진귀한 종을 사다 선물하곤 했다. 그렇게 해서 수집한 종은 해마다 늘어 30년간 세계 각국에서 온 종은 총 1,000여 종이 되었다. 지금 나의 회사, 코리아나 화장품의 천안공장 송파기술연구원에 진열되어 매일 코리아나를 단체로 방문하는 고객들에게 공장, 연구원, 수목원, 박물관 유물, 300종 가까운 연구소의 특허등록증 등과 그 많은 종들이 볼거리가 되어있다.

종들은 미국이나 일본에서부터 러시아와 동유럽에 이르기까지 산지産地도 다양할뿐더러 청동, 유기, 철, 사기, 크리스탈 등 그 재질도 각양각색이다. 가격도 1~2달러짜리부터 크리스탈로 조각된 종은 100달러가 넘는 것까지 다양하다. 큰 절에나 걸려있을 법한 범종은 구할 도리가 없었지만, 종의 크기도 천차만별이다. 물론 손길이나 눈길이 더 가고 덜 가고의 차이는 있겠지만, 나는 수많은 종 하나하나에 나름대로 특별한 애정을 가지고 있다. 각국의 종을 보면서 그 나라만의 독특한 문화를 느껴보는 재미도 있고, 과거 그 종을 소유했던 많은 사람들의 얼굴과 사연을 상상해 보는 즐거움도 있다. 하지만 무엇보다 중요한 것 하나가, 그 종을 내게 선물한 사람을 다시 한번 기억해 보면서 그에 관한 추억을 되새길 수 있다는 것이다. 몇 년 만에 만난 독일 웰라의 닥터 슈나이드 빈트 박사가 여행 중 샀다면서 벨을 한 점 나의 테이블 위에 두고 갔다. 옛 정을 두고 간 것이다.

나는 종 하나하나를 찾기 위해 이 골목 저 골목을 뒤지던 나의 부지런함을 흐뭇한 기억으로 갖고 있다. 출장 중에 짬을 내어 돌아다니던 맨해튼의 뒷골목과, 계약차 갔던 파리에서 시간에 쫓기며 허겁지겁 뒤적이고 다니던 벼룩시장의 그 새삼스런 기억을 좋아한다. 그러다 눈에 띄는 진귀한 종을 발견했을 때 가슴 가득 느끼는 그 설렘과 흥정을 끝낸 후 그것을 손에 넣었을 때의 그 작은 기쁨을 사랑한다.

나의 많은 종들은 내 지나온 삶의 산증인들이다. 그것을 손에 넣었을 당시의 내 생활과 철학과 기쁨과 좌절을, 그것들은 누구보다 잘 지켜보았을 터이다. 따라서 그것들은 그럭저럭 고집스럽게 한우물을 파고 살아온 내 삶의 증거물이 되었다.

먼먼 훗날 내 애장품들을 손에 넣은 수집가가 있다면, 그는 21세기 전후에 그것들을 가졌던 한 사람의 삶을 어떻게 상상해 줄까. 내가 내 회사와 내 사원과 내 이웃을 위해 종을 울리고 싶어 하듯, 그도 그 자신만이 아닌 많은 이웃들을 위해 희망의 종을 울리고자 하는 이였으면 좋겠다.

PEN문학. 2012.07

일중 김충현 선생을 기리며
一中 金忠顯 先生

내가 서예 대가이신 일중 김충현 선생을 처음 뵌 것은 1970년대 말입니다. 때는 동아 제약에 재직하던 시절로 거슬러 올라갑니다. 당시 일본 명치제과의 사장이 동아 제약 회장을 만난 자리에서, '頭走 無路·앞서서 가는 사람은 길이 없다'는 뜻의 글씨를 받아달라고 부탁하셨습니다. 평소 친하게 지냈던 서예가 이백교 씨를 통해 글씨의 대가이신 일중 선생을 알게 되었고, 그와 함께 일중 선생을 찾아 뵙고 글씨 부탁을 드렸습니다. 며칠 후에 '頭走 無路' 글씨를 두 장을 받았는데, 한 부는 명치 제과 사장에게 드리고, 나머지 한 부는 뜻이 좋아서 제가 가지고 있습니다. 이 글이 내가 일중 선생께 받은 첫 번째 글입니다.

그 후에 백악동부에서 일중 선생을 자주 찾아 뵙고 여러 글씨들을 받았습니다. 총 3 종류의 글씨를 받았는데, 기업경영자로서 필요한 글씨, 개인으로서 새겨들을 만한 글씨, 일반적인 명구를 쓴 글씨입니다. 그중에서 일중 선생에게 받은 가장 뜻깊은 글씨는 바로 '우공이산愚公移山'입니다. 내가 라미 화장품에서 10여 년간 근무하다가 코리아나 화장품을 창업을 하게 됐는데 그때 일중 선생이 써 주신 것이라 더욱 소중하게 간직하고 있습니다.

'우공이산'을 설명을 하자면 다음과 같습니다. 중국에 우공이라는 사람이 산을 옮기기 위해서 흙을 파고 있었습니다. 지나가는 스님이 우공에게 무엇을 하느냐고 물었습니다. 우공의 집 앞에는 산이 있고 산 앞에는 바다가 있었습니다. 집에서 바다를 보고 싶은데 산에 가려서 바다를 볼 수가 없으니 산을 헐기 위해 흙을 나르고 있다고 우공이 대답하였습니다. 그러자 스님이 아니, 바다가 보이는 쪽으로 집을 지으면 될 것을 산을 언제 다 옮기냐고 물으니 우공이 대답하길, 내가 이 산을 다 옮기지 못하면 우리 아들이 옮기고 아들이 다 못하면 손자가 옮기면 된다고 하였습니다. 그래서 미련할 우愚 자를 써서 우공이라는 별명이 붙은 것인지 모르겠습니다. 하지만 이것은 일화일 뿐이고 속뜻은 "어려운 일이 세상에 많지만 하려고 하는 의지를 가지고 포기하지 않고 노력하면 세상을 바꾼다"는 것입니다. 작지만 쉬지 않고 기울이는 노력이 큰 결과를 가져온다는 말이겠지요.

내가 일중 선생께 받은 글씨 중 아주 소중하게 여기는 또 하나의 글씨는 바로 '수소명덕守素明德에 개물성무開物成務'입니다. 이 글씨는 내가 동아 제약에서 20년을 근무를 하고 1978년에 라미 화장품 사장에 취임한 것을 축하하는 글이기도 해서 더욱 의미 있는 글씨입니다. 원래 '수소성무'라는 글은 유명한 학자이신 이가원 선생께 받은 글인데, 여기에 덕을 밝힌다는 의미로 명덕明德이라고 하는 글씨를 일중 선생께 추가로 청하여 받은 것입니다. '수소명덕에 개물성수'라고 해서 '자기 본바탕을 잘 지키고 덕을 밝히며 물자를 개발해서 자기의 직무를 성취해나간다'는 뜻입니다. 이런 8자의 글씨를 일중 선생이 아주 정밀하고 우아하게 써 주셨습니다. 그래서 나는 이 글씨를 사무실에 현판으로 걸어놓고 직원들에게 설명을 하면서 이렇게 삶을 살아나가자고 당부를 해 왔습니다. 일중 선생도 60 회갑 때 낸 서집에 '수소명덕 개물성수'를 실었습니다. 일중 선생도 이 글씨는 아주 잘 쓰셨다고 생각하셨나 봅니다.

일중 선생이 써주신 글 중 '月掛椰子葉하고 波靜發尼夢'라는 아주 낭만적인 글이 있습니다. '야자나무 숲에 달이 걸려있고 파도가 고요해서 바닷가의 꿈을 달래더라' 라는 뜻입니다. 이 글씨에 얽힌 재미있는 일화를 하나 소개할까 합니다. 때는 내가 라미 화장품에 근무하던 1980년 입니다. 당시 두발 화장품 전문 회사로 명성을 날리던 독일의 '웰라'와 1980년 봄 계약을 하였습니다. 그 후 웰라로부터 인도네시아 발리에서 열리는 국제회의에 참여해달라는 요청을 받았습니다. 며칠 동안 나는 발리에 머무르며 낮에는 웰라의 발전을 위한 회의를 하였고, 저녁에는 바닷가 근처 연회장에서 저녁 식사를 먹으며 발리 여성들의 노래와 무용을 구경하였습니다. 저녁 모임을 다 끝내고 호텔로 돌아오는 밤이었습니다. 밝은 달이 비치고 있는 아주 운치 있는 저녁이었는데, 그때 나는 시 한 구를 지었습니다. 그 시가 바로 앞에서 언급한 '月掛椰子葉하고 波靜發尼夢'입니다. 그 후 일중 선생을 뵙고 오행시를 지은 사연을 말씀 드렸고, 일중 선생은 "유상옥 씨가 발리에 갔다가 읊은 시구"라며 멋진 글씨로 흔쾌히 써 주셨습니다. 아직까지도 아주 고맙게 간직하고 있는 아름다운 글씨입니다.

일중 선생께 받은 좋은 글이 여러 개 있는데, 그중에 천자문에 나오는 '여송지성 如松之盛'이라고 하는 글귀가 기억에 남습니다. 소나무와 같이 번성하라는 뜻인데, 내가 호를 송암에서 송파로 쓰고 있었고 소나무를 즐기는 편이었으며 천자문에 옛날부터 그런 문구가 있었기 때문에 여러 의미에서 소중한 글씨입니다. 아직도 나는 '여송지성'을 거실에 걸어두며 자주 보고 있습니다.

1993년도 내가 수필집을 처음으로 냈습니다. 그때 일중 선생을 뵈러 가면 선생은 저 사람이 글씨를 써달라고 부탁하러 왔겠지 짐작을 하시고 무엇 쓸 거를 가져왔나 물으셨습니다. 선생께 '제가 이번에 책을 한 권 냅니다. 책 이름이 '나는 60에도 화장을 한다'인데 선생님이 그거 하나 써주시겠어요'라고 말씀을 드렸습니다. '그래 좋은 일이지' 하시면서 원고를 써 놓으라 합니다. 며칠 후에 가니 글씨를 보관하는 곳에서 뒤적뒤적해서 써 놓은 글씨를 가지고 나오셨습니다. 글자가 많으니까 한글로 길게 써 가지고 오셨습니다. 제 개인으로 봐서는 아주 좋은 글을 써 주셨다고 생각합니다.

그 후 일중 선생은 코리아나 화장품에 관한 많은 글씨를 써 주셨습니다. 코리아나 화장품을 경영하면서 회사의 타이틀로 지은 '행복을 추구하는 기업 코리아나 화장품'이라는 글씨가 대표적입니다. 일중 선생은 회사 타이틀을 아주 잘 지었다고 칭찬하시며 이 글씨로 현판을 써주셨습니다. 또한 일중 선생은 아름다움을 창조하는 기업이라는 뜻의 '미의 창조'라는 글씨를 써 주셨고, 이 글씨는 매월 나가는 월간지에도 활용되었습니다.

그리고 '근능보졸勤能補拙'이라는 글씨도 있습니다. '부지런하면 능히 모자람을 보충할 수 있다'라는 뜻입니다. 코리아나 화장품의 판매 방식은, 회사에서 직원을 뽑아 그 사람들이 고객을 직접 만나 판매를 하는 형식을 취하고 있습니다. 판매를 잘하기 위해서는 직원들이 머리가 좋은 것도 좋지만 무엇보다 부지런해야 합니다. 고객관리를 하려면 고객을 늘 따라 붙어야 하는데 고객 유치를 위해 늘

부지런하면 능히 모자람을 보충할 수 있다는 뜻입니다. 이러한 뜻의 '근능보졸'을 일중 선생께 글씨로 받아서 사원들을 격려하는 데 많이 활용하였습니다. 그리고 마지막으로 '기업가 정신'이라는 글씨는 늘 사원들에게 주장하기도 하고 내 자신이 기업인이라 '기업가 정신'이 투철해야 한다고 생각해서 받은 글씨입니다.

논어 첫 장을 보면 '子曰 : 학이시습지 불역열호學而時習之 不亦說乎'라는 글자가 나옵니다. '배우고 때때로 익히니 즐겁지 아니한가'라는 뜻인데 이 글씨는 지금도 사원교육을 하면서 매번 활용하고 있습니다. 나는 항상 사원들을 교육시켜서 뭘 언제 맡겨도 척척 해낼 수 있는 질 높은 사원으로 만드는 데 많은 공을 들여왔습니다. 새로운 특허 품목이 나올 수 있도록 사원들을 훈련시키고 연구시켜야 합니다. 사원들이 날랜 병사가 되어야 한다는 의미에서 '정병주의精兵主義'라는 말을 만들었습니다. 이 글도 일중 선생께서 아주 좋은 글이라고 하시며 글씨로 써 주셨습니다.

일중 선생이 써 주신 글 중 '명품주의名品主義'라는 것이 있습니다. 좋은 물건을 명품이라고 합니다. 우리 회사의 연구원에서는 아주 좋은 명품을 개발해 내야 하니 이 글씨를 연구원에 걸어 놓았습니다. 연구원 직원들이 이를 보면서 좋은 명품을 만들기 위해 열심히 노력하고 있습니다. 또 '낙천지명樂天知命'이라는 문구를 부탁 드렸더니 아주 예쁘게 넉 자를 써주셨습니다. 이것은 환경을 즐기고 자기의 할 일을 알아야 한다는 뜻입니다. 제가 이 글을 가지고 있는 것을 보고 주위의 사람들도 갖고 싶어하여 일중 선생께 부탁 드려 글씨를 받아 준 적도 있습니다. 여러 가지 글을 부탁해서 받았으니 얼마나 고마운지 모르겠습니다.

그 외 나는 '오래된 돌과 똑바로 서 있는 소나무가 좋다'라는 뜻의 '가화만사성家和萬事成', '노석정송老石貞松'라든가, '덕이 있으면 따르는 사람이 있어 외롭지 않다'라는 뜻의 '덕불고필유린德不孤必有隣' 등 일중 선생이 지은 주옥같은 시를 가지고 있습니다. 또한 '세전청덕世傳淸德'이라고 해서 '맑은 덕을 세대로 전한다'고 하는 글씨도 가지고 있습니다. 그리고 '고기는 뛰어 놀고 사슴은 맹맹 운다'는 '어약록명魚躍鹿鳴'이라고 하는 글씨도 간직하고 있고, '촌음시경寸陰是競'이라든가, '평화통일平和統一', '난초와 지초가 향기를 뿜어낸다'라는 뜻의 '지란사향芝蘭麝香' 등도 가지고 있습니다. 또 하늘이 큰 복을 준다고 해서 '천여궐복天與厥福'이라는 글씨도 있고 자연환경을 얘기하는 '산이 높으면 물이 오래 흘러갈 수가 있다'라는 '산고수장山高水長' 등의 좋은 명구도 일중 선생이 써 주신 것입니다.

수십 점의 일중 선생 작품을 보유하고 있는 것을 매우 영광스럽게 생각합니다. 글씨 하나하나를 정성껏 써 주셔서 일중 선생께 깊이 감사하고 있습니다. 2004년도에는 코리아나미술관이 소장한 일중 선생의 서예 작품 26점을 포함하여 한국 근·현대 서예사의 주요 작품 총 70점을 선정하여 〈향 서린 글씨〉 전을 개최한 바 있습니다. 일중 선생의 글씨에 담긴 정신적 가치와 문자향을 대중과 나눌 수 있었던 소중한 기회였습니다.

일중 선생은 거룩한 신념과 강인한 의지와 신뢰를 지켜 문화재 보존자로서 큰 역할을 하셨습니다. 일중 선생이 남기신 작품을 한국의 문화재로써 길이 보존하겠습니다. 감사합니다.

일중선생기념사업회, 2015.11

추워도 잎 푸른 소나무처럼

나의 23대조 유천俞蔵 할아버지는 고려 말 예의판서를 지내셨던 분이다. 조선 건국 후 태조 이성계가 예조판서로 임명했으나 충신은 두 임금을 섬기지 않는다며 벼슬을 사양하고 송악산에서 숨어 사시며 호를 '송은松隱'이라 하였다. 당시 고려의 충신 중에는 조선왕실의 부름을 거절한 목은牧隱 이색, 포은圃隱 정몽주 등의 인물이 있는데, 나의 선조 또한 '은隱' 자를 붙여 '송은공松隱公'으로 불린 것이다. 소나무는 곧은 절개와 군자의 올곧음을 상징하여 한국을 대표하는 나무로 여긴다. 나는 송은공의 자손이자 기업경영을 하는 데 있어 소나무의 상징 의미가 좋아 평소에도 소나무와 같은 삶을 추구하고 있다. 그래서 아호도 송파松坡라 하고, 집무실 앞 정원에 소나무를 심어 항상 바라본다. 한쪽에는 서예가 지인이 써 준 '송파지실松坡之室'을 현판으로 만들어 놓았다.

소나무에 대한 애착이 많다 보니 소나무와 관련한 좋은 서예 작품을 받을 기회가 종종 있었다. 특히, 한국 서예의 대가인 일중 김충현一中 金忠顯 선생에게서 소나무와 같이 번성하라는 뜻이 담긴 '여송지성如松之盛'의 글씨를 받았을 땐 매우 기뻤다. 이것을 인연으로 나는 일중 선생의 글씨 작품을 많이 수집하게 되었다. 나는 오랫동안 민속품과 미술품을 수집하고 있다. 그중에는 일중 선생 작품과 같은 좋은 문구를 쓴 서예 작품도 꽤 된다.

3·1운동 때 독립선언서에 서명한 민족 대표 33인 중 가장 오래 사신 이갑성李甲成 선생이 써주신 글 '청송한불락, 위봉고기상青松寒不落, 威鳳高其翔'은 그중 하나다. 푸른 소나무는 추위도 이겨내고 자랑스러운 봉황은 그 날개를 펴 높이 난다는 뜻이다. 기업을 경영하면서 푸른 소나무처럼 어려움을 잘 견디고, 봉황새처럼 번창시키라는 가르침으로 받아들였다.

명성 높은 서예가 소전 손재형素筌 孫在馨 선생에게는 '인지위덕忍之爲德'이라는 작품을 받았다. 참는 것이 덕이 된다는 뜻으로 세상 일이 본인 뜻대로 안 되더라도 늘 참아서 타인에게 폐가 되지 않도록 생활하는 것이 덕이라는 뜻을 가진 좋은 문구다. 이렇게 좋은 글을 훌륭하신 분들로부터 받는 것은 기업가로서나 수집가로서 나에게 매우 기쁜 일이다.

이 밖에도 평소 책을 읽고 공부를 하면서 좋은 글귀들을 많이 만나게 되는데, 특히 조선 시대에는 많은 선비가 '안빈낙도安貧樂道' 하며 살았다는 기록을 여러 번 보았다. 옛 선비들은 가난하더라도 편안한 마음으로 도를 지킨다는 마음으로 생활하였다는 의미다. 그러나 이제는 사회가 풍요로워졌기 때문에 도를 지키는 것으로 끝날 것이 아니라 깨끗하게 부를 일구며 직업을 즐기는 것이 더욱 좋아 '청부낙업清富樂業'이라는 용어를 평소 가까이 지내던 문인 이백교 선생과 의논을 하여 지었다. 이백교 선생은 국문학자이자 성균관사성을 지낸 성균관대학교의 이가원 선생에게 글씨를 받아 주겠다고 약속했다. 그러나 며칠 후 이백교 선생이 가져온 것은 '청부낙업'이 아니라 '수소성무守素成務'라고 쓴 글씨였다. '수소성무'는 본바탕을 잘 지키며 자기의 직무를 성취해 나간다는 뜻으로 '청부낙업'보다 더욱 깊이가 있고 품위를 갖춘 좋은 작품이었다. 나는 그 작품을 사무실에 걸어 놓고 늘 나의 본분을 지키면서 회사 경영을 잘 해나가겠노라는 교본으로 삼고 지낸다. '청부낙업'은 이후 고향인 충남 청양의 서예가 조병호 선생의 글씨로 받아 보유하고 있다.

우리 집안에는 나의 조부 순재공純齋公이 직접 쓰신 적벽부赤壁賦 필사본 병풍이 있다. 순재공은 조선 후기 의병장 최익현 선생, 의병 이칙 선생과 학맥을 이으셨던 분으로 나의 고향인 청양군 상갑리에서 '갑명사숙甲明私塾'이라는 서당을 만들어 설립 서문을 쓰시고 훈장으로 활동하셨다. 조부는 여러 가지 책의 필사본도 제작하셨는데, 그중 하나가 송나라 때 동파 소식東坡 蘇軾 선생이 지은 적벽부 필사본이다. 나는 조부가 쓰신 원본으로 만든 병풍을 늘 곁에 두고 생활하며, 특히 제사 때에는 그 병풍을 치고 앞에서 제사를 지낸다. 내가 여러 글씨를 수집하지만 할아버지께서 직접 쓰신 글씨를 병풍으로 만들었다는 것에 대한 기쁨과 뿌듯함이 있다. 또한, 나의 가족들도 우리 조상 할아버지가 쓰신 내용을 아직도 간직하고 있다는 것이 매우 뜻있고 기쁜 일로 여기고 있다. 선조가 남긴 글의 뜻을 이해하고, 그 뜻에 따라 삶의 목표를 잡는 것은 후손된 도리를 다하는 것으로 생각한다. 그러나 요즘의 젊은이 중에는 한자를 읽고 그 뜻을 이해하는 사람이 별로 없다. 한자 문맹文盲의 사회가 되었기 때문이다.

나는 우리 문화를 올바르게 이해하기 위해서는 한자를 필수로 알아야 한다는 생각을 오랫동안 해왔다. 그래서 우리 회사의 모든 직원에게 한문 익히기를 강조하고, 한자 능력 시험을 치도록 한다. 한자 공부를 시작한 이후 인격적, 학문적으로 성숙해 가는 모습을 보면서 매우 뿌듯하다. 앞으로는 모든 국민이 한자를 배우고 글에 담긴 그 뜻을 알아보는 국민으로 성숙하길 바란다.

한국수필. 2016.12

30년 만에 다시 찾은 미인도

직장인, 전문경영인으로 30년 그리고 코리아나 화장품을 창업·경영하는 CEO로 30년, 기업인으로 60년을 지내오며 경제성장과 더불어 나 역시 많은 성장과 성취를 하여왔다. 직장생활 10년 가까이 되었을 때 지인으로부터 "너무 숫자만 알면 감성이 메마르기 쉽다"라는 조언을 듣고 60년대 말부터 인사동을 기웃거리기 시작하였다. 오늘날까지 수많은 문화재와 미술품을 수집·연구하며 틈틈이 수필과 칼럼을 쓰며 문기文氣 있는 삶을 살고자 노력하고 있다. 기업을 경영하며 회사와 관련된 유물을 수집하는 기쁨은 어디에도 비길 것이 없다. 수집의 원칙은 '내가 하는 일과 연관이 있으면서 문화와 역사성을 지닌 것'이어야 했다. 국외 선진 화장품 기업을 방문했을 때 그들의 역사와 문화를 보여주는 기업 박물관들을 둘러보며 코리아나 화장품이 선진적인 명품 기업이 되기 위해서는 문화에 대한 투자가 반드시 필요하다고 생각했다. 그래서 월급쟁이 시절부터 찾아다니며, 모으고, 살피며 유물과 미술품을 수집하던 나는 박물관·미술관 설립의 꿈을 마침내 실현하였다.

강남 한복판에 박물관·미술관을 개관한 지 벌써 15년이 흘렀다. 또한 코리아 화장품은 창업 30주년을 맞이한다. 특히 화장품 기업을 경영하면서 옛 여인들의 화장유물을 중점적으로 모아왔고 올봄 그동안 모아둔 고미술품과 미술품 전부를 회사법인에 기증하였다. 이는 회사가 앞으로도 지속적으로 문화예술 발전에 힘쓰며 연구와 보존을 위해 각별히 노력할 것을 믿어서이다.

조촐한 기증식에 참석한 유홍준 교수가 그동안 잊고 지냈던 '미인도 벽화'의 안부를 물었다. 이 작품은 내가 동아제약 계열사인 라미화장품의 대표이사 사장(1977-1987)을 맡고 있을 때 제작한 가로 9m, 세로 2m 가까이 되는 대형 벽화로 새로 신축한 공장 로비에 설치하여 많은 방문객과 언론의 관심을 받았던 작품이다.

당시 우리나라 화장품 업계는 열악한 환경과 제조 기술 미숙으로 미국, 프랑스, 일본 등 선진 화장품 회사와 기술 제휴를 맺고자 했다. 1985년 경기도 이천에 새 공장을 짓고 기술제휴교섭을 위해 미국 엘리자베스 아덴Elizabeth Arden 본사를 방문하였다. 그곳 응접실에 아름다운 여성들의 모습이 담긴 회화 작품이 걸려있었다. 순간 화장하는 옛 여인이 등장하는 미인도를 회사 로비에 걸어 두는 이 회사의 아이디어에 눈이 번뜩였다. 우리도 이러한 문화적 자산이 필요하다고 생각하였다. 이듬해 봄 한국 미술사 강의를 들으며 가깝게 지내던 유홍준 교수에게 엘리자베스 아덴에서 찍어온 사진을 보여주었다. 마침 가을에 이천 새 공장에 내가 모아온 유물로 약장藥欌사료관 개관을 준비하던 차에 우리도 미인도를 벽화로 제작하자고 제안했다. 그 시기에 맞춰 화장품 공장 로비에 아름다운 미인도가 같이 전시되면 더할 나위 없다고 생각했다. 그리하여 유홍준 교수가 총 기획을 맡아 세계미술사에 나오는 유물과 미인도판을 예술적으로 재구성하였고, 80년대 민중미술 운동에 앞장섰던 김용태, 김정헌, 박불똥, 이인철, 홍선웅 작가가 참여하였다. 이들이 여름 내내 3개월 동안 땀 흘려 완성한 작품은 한국은 물론 세계에서 단 하나뿐인 800호 대작 미인도이다.

그림은 왼쪽부터 시작하여 시대순으로 이미지를 배열하였다. 고대 이집트 역사상 가장 아름다운 여인으로 손꼽히는 제 18왕조 아케나톤Akhenaton의 왕비 네페르티티Nefertiti가 거울을 보며 입술 화장을 하는 모습부터 시작한다. 그 오른쪽으로는 중국 남북조시대 뛰어난 인물화가 고개지顧愷之가 그린 여사잠도女史箴圖에서 용모를 다듬고 있는 여인들, 르네상스 화가 보티첼리의 비너스를 포함한 유럽 르네상스 미의 삼여신, 우리나라 조선시대 풍속화가 김홍도와 신윤복이 그린 여인들의 모습, 18세기 화려한 로코코 시대를 지나 20세기 현대의 아름다움을 상징하는 이미지까지 이어진다. 이 미인도는 모두 동서양의 미술사적 레퍼런스를 담아 화장문화와 연계하여 제작한 작품이다. 다채로운 동서양의 여성들이 치장하는 모습이 담긴 아름다운 작품에 〈동서고금東西古今 화장하는 미인도化粧美人圖〉라는 제목을 붙였다. 당시 화장품 회사에서 이런 대규모 작품 제작을 했다는 것이 이례적이었다. 약장사료관과 더불어 미인도 벽화를 여러 매스컴에서 취재하러 오기도 했다.

1988년 내가 코리아나 화장품을 창업한 후 동아제약은 경영이 어려워진 라미화장품을 매각하였고 이천 공장은 제약 공장으로 바뀌었다. 퇴사하면서 내가 개인적으로 모아왔던 사료관의 유물은 가지고 나왔지만, 무엇보다도 나의 열정으로 추진한 추억과 의미가 깊은 작품, 미인도는 그곳에 남겨두고 나왔다.

올해 유물 기증식에서 유홍준 교수와의 만남 이후 이천 공장에 걸려있는 그 작품이 계속 마음에 남았다. 오랜만에 공장을 찾아가 보니 미인도 벽화는 그 자리에 잠들어 있었다. 반가운 마음과 함께 '화장을 주제로 한 미인도를 제약회사 공장이 아닌 우리 화장품 회사에서 보존하는 것이 더 가치 있는 일이 아닐까' 하는 생각이 들었다. 그 후 동아제약 강신호 회장을 찾아뵈었다. 이제 연로하셔서 긴 대화를 나눌 수는 없었지만, 반갑게 맞이해주신 강 회장님께 나는 "회장님 덕분에 동아제약에서 30년의 긴 생활을 잘 마칠 수 있었고 그 후 회사를 창업한 CEO로서 경영과 박물관 운영을 잘하고 있다"며 안부 인사를 드렸다. 또한 이천 공장을 건립할 당시 제작했던 미인도에 대해서도 말씀드렸다. "현재는 공장이 제약회사로 변경됐으니 이제 그 작품은 저희 화장품 회사에서 보존하는 것이 좋겠습니다" 하며 정중히 여쭈었다. 그러자 강 회장님은 이전해서 잘 관리하라고 하시며 흔쾌히 승낙해주셨다. 참으로 감사한 일이다.

대한민국에서 둘도 없는 미인도. 그것도 옛 동서양 여인들의 화장문화와 아름다움을 볼 수 있는 작품이 코리아나 화장품 광교 사옥 로비로 이전해 작품의 상징성을 높이게 되었다. 지난 7월 12일 문화예술과 화장에 대한 나의 애정과 철학이 담긴 이 작품을 공개하는 작은 행사를 가졌다. 작품 제작을 진두지휘했던 유홍준 교수와 5인의 작가 중 김정헌, 박불똥, 홍선웅 작가가 코리아나 화장품 광교 사옥의 로비에서 33년 만에 작품과 재회하는 시간이었다. 제작 당시 혈기 왕성하던 젊은 청년들이었으나 이제는 반백半白의 작가로 여러 기관의 단체장을 맡고 있다. 그들도 나와 같이 흥분하여 그림 곳곳을 살피며 제작 당시 에피소드와 함께 그 시절로 돌아가 있었다.

30년이 넘는 세월이 지났어도 유 교수는 그림의 도판을 정확히 기억하여 자세히 설명했다. "살다가 이처럼 기분 좋은 일이 또 있을까" 하며 몹시 기뻐하였다. 내 젊은 시절 회사를 키우며 문기文氣로 남겼던 미인도 다시 내 곁으로 돌아와 우리 회사에서 보존하게 되었으니 '아, 기쁘다!' 그림을 그리느라 애써주신 작가 여러분과 그림을 잘 보존해주신 동아제약과 강신호 회장님께 감사드린다.

월간미술. 2018.09

누렇게 바래진 종이 위에 내가 다짐했던, 지금은 성취한 꿈이 적혀있었다.
생각하고 기록하고 간직하니 어느덧 이렇게 목표를 이루었다.
그래서 나는 유물을 수집하고, 연구하고,
자료를 기록하며 살아왔는가 보다.

- 「양재천을 걸으며 문화재 기증 생각」 중에서

2부

나누고

국립박물관에 시집보낸 애장품

2009년 3월 30일 5시, 용산에 있는 국립중앙박물관에서 '유물 기증 및 기부자의 밤' 행사가 열렸다. 식장에는 최광식 관장과 박물관 사람들, 문화재위원장 안휘준 박사를 비롯한 문화계 인사들, 한국박물관회원들, 기증자와 기부자의 관계자들이 모여들었다.

국립중앙박물관과 박물관회가 마련한 기증자·기부자 '명예의 전당' 제막식 행사가 시작되었다. 박물관 2층 기증품 전시실 벽면에 설치한 명관^{名板}의 왼편에는 8·15 광복 후 유물을 기증한 이홍근 씨를 비롯한 242명의 명패가 걸리고 오른편에는 기부자 명단이 걸렸다. 1억원 이상 기부자는 백마회원, 5천만원은 금관회원, 3천만원은 은관회원, 청자회원, 백자회원 등으로 기부금액에 따라 구분지어서 명패가 걸렸다. 나는 기증자 란에는 맨 끝에 오르고 기부자 란은 '금관회원'으로 대우되었다. 금관회원이 되기까지 나는 박물관회에 오랫동안 관여하면서 여러 해에 걸쳐 출연의 모범을 보이면서 누적하여 쌓은 실적이다.

이날 조간 조선일보는 2면과 27면에 큰 기사를 실었다.

"박물관을 살린 242인… '명예의 전당' 오늘 문열어"의 제하에 한국박물관 100주년을 맞아 30일 오후 5시 국립중앙박물관(관장 최광식)이 소중한 문화유산을 기증해 온 사람들을 기리기 위한 명예의 전당 개관식을 갖는다. 현판식에 이어 기증,기부자의 밤 행사도 열린다.

1909년 11월 1일, 대한제국의 마지막 황제 순종純宗이 제실박물관帝室博物館을 대중에 공개한 것을 근대 박물관의 효시로 삼아 한국박물관 100주년이 된다. 1945년 광복과 함께 국립중앙박물관이 개관한 이래 지금까지 총 242명이 2만 8000여 점의 유물을 기증하였다. 30일 '기증자의 밤' 행사에서는 유상옥 코리아나 화장품 회장이 고려·조선시대의 화장 관련 유물 200점을 박물관에 기증하고 윤장섭 호림박물관 이사장이 후원금 1억원을 국립중앙박물관회에 기부한다.

지금까지 가장 많은 유물을 기증한 사람은 사업가이자 문화재 애호가였던 동원東垣 이홍근李洪根(1900~1980) 선생으로 4,941점을 기증했다. '성문종합영어'의 저자 송성문씨는 2003년 평생 모은 국보國寶 4점과 보물 22점 등 101점을 기증했다. 고故 수정水晶 박병래朴秉來 선생, 겸산 최영도崔永道 변호사, 유창종柳昌宗 박물관 회장, 일본인 가네코 가즈시케 등 여러 분이 많은 문화재를 기증하였다.

같은 신문 A27면은 코리아나 화장박물관의 고려청자 분그릇 진열대 앞에서 활짝 웃는 필자의 모습이 20cm×13cm 크기의 칼라사진과 기사가 실렸다. 이렇게 기분 좋게 활짝 웃는 사진이 크게 보도되어 나를 놀라게 하였다.

"청자·분합·철화·유병 등 명품들만 내놨어요." 그 제하에 '유상옥 코리아나 화장품 회장 화장 관련 유물 200점 중앙박물관에 기증' 기사 중간에는 '30년 넘게 수집… 많은 사람들이 즐겁게 눈 딱 감고 기증'이라 실렸다. 곽아람 기자는 나에게 기증 소감을 물었다. '곱게 키운 딸 시집보내는 것 같은 느낌이 듭니다. 시집 간 딸이 시댁에서 귀염받고 잘 살기를 바라는 것처럼 관람객들이 제 기증유물들에 관심을 많이 가져주면 좋겠어요.'

유물 기증과 기부에 관한 각종 신문기사와 TV뉴스가 보도된 후 며칠간 많은 친지들로부터 전화를 받았다. 자기 박물관이 있으면서 국립박물관에 소장품을 기증하는 일이 어려운 결심이란다. 내가 기증한 옛 화장그릇은 토기유병 7점, 흑유유병 6점, 청자유병 86점, 청자분접시 27점, 분합 12점, 분청유병 7점, 백자유병 7점, 백자분접시 6점, 백자청화분항아리 12점, 청화분접시 13점, 청화분수기 7점 기타 10점으로 모두 200점이다. 기증유물 특별전시실에 마련한 유상옥 기증유물 진열장에는 기증유물 중에서도 대표격인 명품 53점이 진열되었다. 모두 화장 그릇들이다. 그중에 내가 내놓기를 망설였던 명품유물이 전시되어 나를 맞이하고 있었다. 마치 시집간 딸이 맞아주는 느낌이다.

청자상감모란문분합靑磁象嵌牡丹文粉盒은 매우 희귀한 명품이다. 국화문을 상감한 것은 더러 있지만 모란문분합은 내게도 하나뿐인 것을 내놓았다. 백자청화6각분항아리에는 문자가 들어있다. 3.5cm의 작은 분항아리에 문자가 그려진 것은 매우 드물다. 이것도 망설이다가 내놓은 명품이다. 아무튼 화장에 쓰이던 옛 그릇을 많은 관람객에게 보이게 되어 내 일생에 큰 보람이요 축복이다.

귀중한 문화재를 국·공립박물관에 기증하여 누구나 볼 수 있게 하는 기증운동이 많아지길 바란다. 선진국의 박물관이 기증품으로 운영되는 것에 견주어 우리나라는 기증문화가 너무도 열악하다. 평생 모은 애장품으로 박물관을 만드는 것이 수집가의 소망이다. 하지만 박물관을 만드는 일은 많은 제약이 따르고 개관 후에 박물관 운영은 더 많은 문제가 따른다. 나이 든 수집가들이 우물쭈물하다가 돌아간 후에 헐값으로 시장에 나뒹굴어지는 사례가 많다. 안타까운 일이다.

유물을 갖지 않은 독지가는 기부를 통하여 기증과 똑같은 공헌을 할 수 있다. 국립중앙박물관 안에 한국박물관회가 기부금을 받아 유물을 구입하여 박물관에 기증하고 있다. 필자가 회장으로 있을 때 뉴욕의 경매시장에서 귀한 화각함華角函를 사서 기증하였으며 금년에는 인도의 석조 비슈누 부조를 구입하여 현재 기증유물특별전시실에 전시하고 있다.

한국박물관회는 1977년 최순우 관장이 전통문화의 학습을 위하여 1년 코스의 특설강좌를 개설한 이래 32기 14,000명의 수료생을 배출하였으며 국내외 고적답사, 학술상, '박물관사람들' 간행, 유물기증 등 다양한 문화활동을 수행하고 있다.

온고이지신溫故而知新하는 삶에서 전통문화의 학습이 수집으로 이어지고 소망의 박물관을 개관한 지도 6년이 넘었다 내가 아끼는 것을 나누어 큰 집으로 보내어 큰 대접을 받게되어 내 삶의 빛이 되었다. 유물이나 서화의 공공기관 기증은 꾸준한 기증운동이 이어져야 하고 기증자 명예의 전당에 이름이 오르는 시민이 많아지길 바란다.

고우경제 여름호. 2009.04

주고 나니 뿌듯

눈 딱 감고 내놓았다. 한두 점도 아니고 200점이다. 애지중지하던 옛 여인의 화장 그릇이다. 나의 소중한 애장품을 국립중앙박물관에 대가없이 기증하였다.

1909년 조선왕조가 망하기 한 해 전 순종 황제때 창경궁안에 제실박물관帝室博物館이 만들어졌다. 100년 전의 일이다. 100년이 흐르는 동안 우여곡절을 겪으면서 이젠 현대식 건물을 용산에 짓고 우리의 문화유산을 자랑스럽게 보여주는 국립중앙박물관이 되었다. 박물관에 소장되는 문화유물은 어디서 나왔는가. 옛 왕실을 비롯한 국가기관에서 보유하고 있는 것과 기증을 받거나 사들인 것이다. 국가 예산으로 사들이는 것은 한계가 있다. 첫째는 구입 예산이 있어야 하고 사들일 유물이 있어야 한다. 기증을 받는 것이 소망스럽지만 개인이 가지고 있는 것을 기증받는 일은 쉬운 일이 아니다. 아끼는 소장품을 대가 없이 기증하자면 경제적 가치를 생각하지 않을 수 없다. 뜻있는 사람의 결심이 있어야하고, 기증의 계기가 있어야 한다. 기증의 토양이 마련되어야 한다.

광복 후 국립중앙박물관에 문화유물을 기증한 사람은 242명이다. 28,000점이 기증되었으니 적은 숫자도 아니다. 사업가 이홍근 선생은 4,900여 점을 기증하였고 최영도 변호사, 유창종 변호사가 많은 유물을 기증하였다. 기증자 중에는 외국인, 특히 일본인도 많다. 가네꼬 가즈스케金子量重 씨는 동남아 각국의 문물을 모아서 우리 박물관에 기증하였다. 영어 교재로 이름나있는 송성문 씨는 국보 4점, 보물 22점 등 101점을 기증하였다. 돈으로 환산하기 어려운 엄청난 문화재를 선뜻 기증하였다.

1980년대 초 내가 전통문화에 대한 관심을 가지고 국립중앙박물관의 특설강좌를 수강할 때 경복궁 내 박물관의 진열장을 자주 들여다보았다. 지금의 민속박물관이다. 얼마 후 민속박물관이 되고 옛 중앙청 건물로 옮겨진 국립중앙박물관이 역사 바로 세우기를 한다면서 역사적 건축물을 철거하는 바람에 임시 건물 속에서 초라한 세월을 보내야 했다.

박물관을 갈 때마다 여러 유물전시실 중에도 기증유물이 전시된 이홍근실, 박병래실을 둘러보면서 두 분의 수집 안목과 명품을 기증한 거룩한 뜻에 감사하곤 하였다. 그 후 토기를 수집한 최영도 변호사가 수집품 1,800점을 모두 기증하였다. 박물관은 특별전시와 도록 발간으로 답례하였다.

중앙청 청사가 헐린 후 10년이 걸려 용산에 새 건물이 서고 국립중앙박물관의 용산 시대가 화려하게 개막되었다. 이때 오랫동안 수집한 기와 1,600점을 기와 박사 유창종 변호사가 기증하여 세상을 놀라게 하였다.

박물관은 전시동 2층에 기증자실을 마련하고 기증유물을 전시하여 일반인에게 관람케 하고 기증자의 이름과 약력을 소개하고 있다. 일반 관람객은 유물관람으로 가볍게 진열실을 스쳐가지만 뜻있는 사람은 기증유물에 많은 관심을 갖는다. 생활 주변에서 애지중지하던 귀중품을 선뜻 기증하려면 큰 결심이 있어야 한다. 한편 내 집에서 혼자 보던 것을 공공의 장소에 내어놓아 누구나 같이 보게 한다는 공공의식이다. 즉 나의 것에서 우리들의 것으로 바뀌는 것이다.

내가 그림을 보러 다니다가 수집을 시작하였고, 민속품과 도자기를 수집하기까지 40년이 되고, 박물관을 자주 드나든 지도 30년이 넘는다. 민속품이나 서화에 관심을 가지고 수집과 감상에 젖어든 삶이었다 하여도 나의 직장을 소홀히 하거나 나의 본업을 소홀히 하지는 아니하였다. 다만 월급쟁이 시절 낭비를 줄이고 저축보다는 유물 구입에 몰입하였고 퇴직금 등 소득의 대부분을 유물 구입에 쏟으면서 살아왔다. 그렇게 오랫동안 정성들여 모은 것으로 박물관과 미술관을 만들어 하나의 성취를 이룩하였다. 물질적 부富가 아닌 문화적 부를 이룬 셈이다.

나는 CEO로서 첫째, 기업을 통하여 나와 사회에 공헌한다는 생각으로 사원에서 경영자까지 50년을 일하고 있으며 둘째, 나의 열정으로 전통 유물을 수집하여 문화공간 스페이스 씨를 만들고 수집품을 진열하여 사회에 문화적 공헌을 하고 있다.

인생 이모작이라 한다. 나는 기업과 문화로 이모작이다. 32년 전 뜻밖에 경영자가 되면서 모든 정열을 쏟아 부실 기업을 상장회사로 키워낼 때 종업원에게 주는 글을 쓰기 시작한 지도 30년이다. 그동안 몇 권의 수필집을 펴내면서 글을 쓰는 일상을 삼모작이라 할까. 경영과 수집과 글쓰기로 나의 늙음을 막아보려는 과욕이 아닌지 끝없는 삶의 도전인지 헤아려 본다.

기증관련 소식을 들은 친지들의 인사를 들을 때 나는 뿌듯하다. 많은 사람이 기증자 명예의 전당에 이름을 남겨주길 바란다.

문학미디어. 2009.04

---

1)스페이스 씨: (주)코리아나 화장품이 설립한 복합문화공간으로, 문화 경영 이념인 '아름다운 기업, 코리아나(Coreana)'를 추구하며 전통문화와 현대문화의 조화를 통해 새로운 문화(Culture)를 창조하고, 함께 하는 문화 공동체(Community)를 구축하고자 지속적인 활동을 이어나가고 있다.

푸른 산속에 옛 문화시설

옛날에 국가의 재난에 대한 재정도 부족하고 수리 시설이 극히 어려웠던 시절에 홍수 대책이 없어서 강둑이 무너져 논밭이 강바닥으로 변하여 겪은 민생고는 얼마나 심하였던가. 해마다 여름이면 큰비가 내려 어느 곳이든 물난리가 나서 논밭을 망가뜨리고 민가에 큰 피해를 주곤 하였다. 물 피해를 입은 지역에 천재지변이 났다고 하여 국가에서는 구호정책을 내려주고 민간에서도 수해 의연금을 모금하여 어려움을 도와주는 것이 통례로 되어 있다.

예부터 나라의 임금은 치산치수가 왕도라 하여 산에 나무를 잘 가꾸고 물내림을 잘 다스려야 국가가 안전하다 하여 나라의 치산치수에 힘을 써오고 있다. 내가 60년대에 일본에 출장가면서 항공편으로 내려다 본 한국의 산은 모두가 벌거벗었고 바다 건너 일본의 산은 푸른 나무로 꽉 차있음을 보고 우리의 산을 걱정한 바 크다. 그 헐어버린 산을 살리기 위하여 박정희 전 대통령은 탄광 개발에 힘써 십구공탄으로 가정생활의 변화를 이끌어 산림녹화 운동을 강력히 전개하고 그 결과 이제는 산에 나무가 우거져 비가 와도 홍수의 피해가 줄어들었으니 박정희 전 대통령의 산림정책에 크게 감사한다.

한때 북한을 다녀온 사람, 특히 개성공단과 개성시내를 다녀온 사람은 모두 느꼈겠지만 휴전선을 넘으면 북쪽의 산은 모두 나무 없는 헐벗은 산이다. 머리를 박박 깎은 스님의 머리와 같다. 나무를 심지 않고 모두 베어 땔감으로 써버리고 있으니 산에 나무가 자랄 수 있겠는가.

식량이 부족하여 남한에서 양식을 얻으려고 무던히 애쓰고 있고 미국을 비롯한 부유 국가에서 양식을 얻어 먹는 북한의 형편은 참으로 안타깝다. 한때 양곡 생산을 장려한다는 정책으로 경사가 심하지 않은 산 중턱까지 곡식을 심으라고 강제정책을 쓰는 바람에 그동안 산을 파헤쳐서 곡식을 심었다고 한다. 그 결과 여름에 비가 내리면 산 언덕이 흘러 내려서 기존의 개울을 덮쳐 홍수는 전답으로 흐르고 개울은 논보다 높아져서 농작물의 성장을 방해하였다고 한다. 남쪽의 치산치수와 북쪽의 치산치수는 정반대로 행하여져서 인구가 한국의 반밖에 안되는 북한은 식량난으로 외국의 구원에 의존하고 있다.

우리가 다 아는 이야기지만 쌀이 남아나는 한국과 모자라는 북한이 사이가 좋으면 나누어 먹을 수 있다. 못사는 북쪽이 금강산에서 관광객을 총격하는 등 충격적인 행동을 하고, 연평도와 백령도에 포격을 하는 등 적대적으로 행세하고 있으면서 배고프니 쌀을 나누어 주길 바란다면 언어도단이 아닌가. 한국인의 상식으로 무리한 언어와 행동을 배제하고 같은 민족으로서 잘해나간다면 북한도 배고픈 환경에서 벗어날 수 있을 것이다. 금강산 관광을 재개하고 개성공단을 활성화 내지 확장하는 한편 세계경제의 대국 반열에 들어있는 한국과 우호관계로 경제성장을 추진해 간다면 북쪽 경제도 많이 좋아질 것이다.

　중국이나 소련을 방문하여 경제의 길을 트려는 노력보다 같은 민족인 남한과 길을 트면 훨씬 유익하고 쉽게 발전의 길이 나오지 않겠는가. 저임금에 허덕이는 노동력을 제공하여 생산성을 향상한다면 한국이 중국으로 베트남이나 동남아 저임금 국가로 보내는 생산임금을 북한에 제공하고 근래에 한국의 해외 관광 여행 비용을 북한의 개방으로 북의 관광 수입을 늘려주고 한국인은 백두산, 묘향산 등을 살펴볼 수 있을 것이다. 적대관계에서 벗어나서 양 정권 하에서 한동안 지내보면 한 나라로서 평안한 삶이 될 것이라고 생각된다. 2차대전 후 양분되었던 동·서독이 이제는 통일되어 잘사는 나라가 되었고 중국은 말할 것도 없고 베트남도 통일되어 발전하는 것을 보면 한반도가 통일 전에 우호적으로 교류된다면 누가 싫어하겠는가. 안타까운 일이다. 북한 땅에 있는 많은 문화유산과 천연 관광자원의 활용과 나눔이 정치, 군사적 이해관계로 제대로 교류되고 공유되지 못해 아쉬움을 넘어 안타까울 뿐이다.

　국내에 비 안 내리는 날이 없었고 30℃가 넘는 날이 많았던 지난여름, 나는 외국으로 휴가가려던 것을 국내로 돌렸다. 8·15 전에 동해안 일대의 박물관과 사찰을 가 보기로 아내와 합의했고 전체 일정을 그렇게 맞추었다.

　월정사의 9층 석탑과 상원사의 성덕대왕종을 보았다. 월정사는 많은 건물이 늘어서 화려함을 보여주고 있으며 상원사의 종은 국가지정문화재로서, 전에는 사찰 내부에 보존되었는데 요즘에는 종각 안에 옛 종과 신 종이 나란히 달려있었다.

　고성군의 휴전선 부근에 있는 건봉사를 찾았다. 내방객은 많지 않은 편인 절이지만 한때 4대 사찰로 꼽혔던 큰 절이라 한다. 곧바로 절에 오르려면 다리를 건너 계단을 오르게 된다. 아내가 나중에 무릎이 아플 것을 염려해 나는 조금 돌아서 편안한 길로 절에 올라갔다. 사찰 경내에서 쾌적한 환경과 사찰시설을 관람하고 내려왔다.

 금년에 경향각지로 돌면서 많은 사찰을 보았다. 전남의 여러 사찰 중에 여러 차례 방문한 화엄사는 많은 지정문화재를 보유하고 있다. 화엄사의 우람한 각황전 그 앞의 옛 석물들, 108계단을 올라 아름답게 서 있는 3층 석탑은 네 마리의 사자가 받치고 있다. 많은 사찰에 대웅전과 불탑들이 지정문화재로 되어있지만 화엄사만큼 많은 문화재를 보유하는 사찰은 많지 않다. 설악산의 켄싱턴 호텔에는 연예인과 체육인의 사진과 기념물들이 층층이 전시되어 있어서 투숙객을 즐겁게 한다. 돌아오는 길에 강원도 양구에 있는 박수근 미술관을 찾았다. 박수근의 고향이란다. 그의 유명한 "빨래터" 그림의 현장에 미술관을 세워 양구의 문화를 찾아 보게 한다. 불자가 아닌 나는 사찰을 찾으면서 꼭 1만원의 시주를 잊지 않는다. 나에게 복이 있으라는 뜻일 수도 있고, 소득의 재분배라는 소박한 생각일 수도 있고….

한국수필. 2011.09

대학이 들어선 나의 과수원터

2013년 9월 20일, 추석이 지나고 이틀 후 10시 50분이 다가온다. KBS에서 잘 익은 배를 비추는 방송을 하고 있다. 울진의 어느 과수원에서 보여주는 배는 탐스럽게 잘 익은 과수가 가득한 곳이다. 이 프로를 보고 있자니 내가 젊어서 과수원을 부업으로 경영하던 생각이 난다.

가을이 오면 과일들은 무르익어 간다. 누구나 익은 과일을 좋아한다. 특히 과수원을 가꾸어 가는 농부는 익어가는 과일을 바라보며 깊은 희열을 느낀다. 바라보는 재미, 먹어보는 과일 맛, 수입이 늘겠다는 기대감이 넘친다. 그러면서도 과일 시장은 일기에 따라서 달라진다. 풍년이 되어 과일이 잘 되는 해이면 소비자는 값이 싼 과일을 먹을 수 있어서 즐겁지만 농사짓는 사람은 판매 수입과 경비를 비교하여 수익이 발생할 것에 대한 걱정을 하게 된다.

내가 30대 후반일 때 고향 친구와 셋이서 장래 생활을 의논하는 대화가 성공적인 방향으로 돌아갔다. 나이가 먹어도 작은 돈으로 좋은 결과를 얻는 방법이었다. 한국경제가 발전하는 70년대에 토지에 투자하자는 의견이 모아졌다. 월급쟁이 셋이서 큰 돈은 없으니 도심을 떠나서 시골을 택하기로 하였다. 서울 근교를 일요일마다 헤매었지만 마땅한 투자지가 없었다. 그 무렵 온양에서 활동하는 H라는 친구를 자주 만났다. 어려서 이웃에서 자랐던 그 친구가 우리에게 신창의 농지를 소개하였다. 뒤는 얕은 산에 둘러싸인 밭을 평당 125원에 샀다. 과수를 심자! 나와 홍군, 김군은 신바람 나게 과수원을 만들게 되었다. 마침 김군이 농고를 나와서 과수에 대한 지식이 있었다. 수원에서 홍옥과 부사 묘목을 사다가 심었다. 관리인이 살 집도 지었다.

주말이면 과수 자라는 곳으로 내려가 자라는 사과나무를 가꾸었다. 지금은 속성수가 있어서 심은 지 3년이면 사과가 열리지만 당시에는 8년이 걸리는 재래종이었다. 우리가 심은 홍옥은 뽑아내고 일본의 개량종인 후지로 바꾸었다. 그리고 몇 년이 지났다. 사과가 커갈 무렵 친구들이 과수원을 처분하자는 의견이 나왔다. 공무원이 부동산을 가지고 있으면 안된다는 것이다. 나는 회사에 근무중이므로 토지 취득에 문제가 없어 두 친구의 토지분을 평당 500원씩 계산하여 주고 나니 나의 농장이 되었다. 따라서 관리인도 B씨로 바꾸었다. 이 마을에서 부지런한 젊은이를 만난 것이다.

나는 과수원을 좋아하여 주말이면 아이들과 농장을 찾았다. 봄이면 꽃을 보고 비료 주고 접과한다. 접과란 가지마다 뭉텅이로 피어난 꽃 중에서 사과로 키울 것만 남기고 나머지는 모두 따내어야 한다. 여기에 수작업하는 인건비가 들어간다. 가을에는 사과를 종이 봉지로 싸주어야해서 인건비가 또 든다.

과일이 익으면 보기 좋고 흥겹다. 그러나 그 익은 과일을 하나하나 따서 창고로 들여오고 크기를 골라 상자에 담는 데도 일손이 든다. 이렇게 키운 과일을 어느 시장에 내야 제값을 받을지 연구해야 한다. 시기와 장소를 잘 택하여야 한다.

나는 당시 회사 일도 열중하면서 나의 장래, 즉 회사를 퇴직한 후의 대책도 생각하였다. 또한 어려서 농사일을 하고 나면 일본 정부가 농산물을 공출이란 명목으로 벼를 빼앗아 갔다. 때문에 충청도 청양 산골에서는 토지가 더 필요했다. 산골의 둔덕을 파서라도 농토를 넓혀야 했고 퇴비를 증산하여 농산물을 늘리는 광경을 보면서 자랐다. 때문에 농토가 중요함을 알았으므로 농토를 늘리기에 많은 정력을 기울였다. 처음에 만여 평의 토지가 점차 늘어났다. 당시 농장의 위치가 좋아서 여기에 학교를 세우면 좋겠다는 생각이 들어 농장 주위의 땅이 나오면 사들이곤 하였다.

20년 전인 1993년에 과수의 매출은 1억 원, 모든 비용은 6,100만 원, 이익은 3,900만 원. 이것을 관리인과 반분하니 괜찮은 수입이었다. 그 후 인건비, 비료값, 농약값이 오르고 사과값은 제자리가 되니 농장 경영은 매년 적자로 돌아섰다. 낭패다. 본인이 경작하면 큰 손해가 없겠지만 경작 관리인은 일년에 주인의 자금으로 농사하여 수지결산에서 이익이 생기면 배당을 받지만 손해가 나면 주인이 보충하여야 된다.

수익이 없어 걱정하던 무렵 아산시장의 면담 요청이 왔다. 아산시에 기능대학을 유치하는데 학교를 지을만한 곳이 마땅치 않단다. 군내에서 내 농장이 가장 적당하니 가격이 싸더라도 양도하란다. 2만 평의 토지에 저가의 토지다. 교육열이 높은 충청도 온양에 세우기로 결정된 대학, 그리고 산업 발전에 활용할 기능대학, 내가 세우지 않아도 국가가 세우면 내가 한때 생각하였던 교육기관이 아닌가. 그 후 농장엔 대학이 들어섰다. 한국폴리텍4대학 아산캠퍼스가 완성되어 준공식이 있던 날 나는 초청되어 감사패를 받았다. 농장은 없어져 버렸지만 그곳에 훌륭한 대학이 들어서 있다. 참으로 감개무량하다. 그 후 학교 앞으로 신창역이 옮겨졌고 지하철 출발역 겸 종착역이 되었다.

내가 수령한 토지대는 10만 원, 지금 그곳 땅 값은 10배 이상 올랐지만 나는 참 좋은 일을 하였다고 생각한다. 그 농장에서 키운 은행나무와 소나무는 나의 천안공장에서 잘 자라고 있다.

문학공간. 2013,10

삶을 기록으로 남겨라

나이가 80줄에 들어서니 사람들이 어떻게 생활을 해왔는지 서로 대담도 되고 토론도 되어서 가까이 모이는 모임에서 이루어지는 이야기가 흥미롭고 나 자신도 되돌아 보곤 한다.

근래에 보면 사회생활을 오래 하다가 80대가 되면서 자기가 한 일에 대한 글을 쓰는 사람들이 많아지고 있다. 자기가 겪었던 어렸을 때의 일, 젊었을 때의 좋은 일, 나쁜 일 같은 것을 찾아보고 자기의 삶에 도움이 되었던 선생이나 선배들의 이야기도 찾아서 글을 쓴다. 또한 자기 삶의 규범이 되었던 분들을 찾아 글을 써서 책을 내게 된다. 그리고 책을 내게 되면 서점에서 판매할 수가 있고 평소에 알고 지냈던 사람들에게 나누게 된다. 가끔 여러 사람들로부터 책을 받아 읽어보면서 그분에 대한 행적, 공로, 본받을 만한 행동 등 알지 못하던 것을 알게 되어 고마운 마음이 든다.

그래서 얼마 전에는 평소에 옛 문화재 유통 분야에서 80년간 일을 해왔던 분의 책을 읽었다. 나도 컬렉션을 했지만 그분은 남들이 컬렉션하는 과정에서 유통에 관한 많은 기여를 하였다 싶었다. 지금 연세가 95세까지 됐는데 그분이 경험했던 것을 책으로 남긴 것에 대하여 깊은 감명을 받았다. 그래서 그분을 모시고 점심 대접을 한 적이 있다.

그리고 얼마 전에는 의사생활을 하다가 정년퇴직을 하고 나서 개인병원을 따로 차리지 않고 무료 의료봉사를 하시는 분의 책을 읽었다. 그분은 주로 대학병원이나 국공립병원과 적어도 100km 이상 떨어진 낙후된 시골 마을에 의료봉사를 해서 소외된 환자들을 도와주고 계신다. 아주 변두리, 예를 들면 충청도 서산 당진이라든가 안면도, 전라도의 광양만, 강원도 산골같이 고급 의료진의 손이 닿지 않는 지역을 순회하면서 봉사활동을 하고 계신다. 그래서 그분의 책을 사서 몇 사람에게 나눠준 적도 있고, 우리 미술관으로 초대하여 식사를 같이하며 이야기를 듣기도 하였다.

최근에는 금융계에 획기적인 공헌을 하신 분이 책을 보내왔다. 나이는 나와 비슷한데 이분도 어려서는 거제도에서 태어나 여러 가지 어려움을 겪으면서 공부를 했고 은행에 들어와서 금융계에서 아주 우뚝하게 성장한 분이다. 은행의 행장까지 하면서 금융계에 많은 기여를 하셨다. 나도 동아제약에 있을 때에 그분이 일하던 금융기관을 통해 자금을 융자받아 안양의 박카스 공장을 지을 때 활용한 적이 있어서 그때부터 인연을 가지고 알고 지내는 분이다. 그분은 하나은행을 만들어서 행장을 하시고 회장도 하시고 그 뒤에 우리은행의 회장도 하시다가 지금은 파이낸스 프로그램, FP협회 회장을 하고 계신다. 파이낸싱에 대해 잘 모르는 분들에게 도움을 주는 역할을 하고 계신데 그것이 국민 여러분들에게도 도움이 되고, 그 일을 맡아서 하는 분들에게도 많은 도움이 된다고 생각한다. 이런 분의 삶은 사회가 발전하는데 좋은 기여를 한 삶이 아닌가 생각한다.

이런 것들을 보면 자기가 태어나서 공부를 하고 직장생활을 하면서 일정 기간 동안을 활동하다가 퇴임 후에 무엇을 하느냐, 자신과 사회에 기여할 수 있는 방안을 찾아서 하는 것이 사회 수준을 높이는 데 도움이 된다고 생각한다. 자기가 할 수 있는 일을 찾아서 좋은 일을 하며 자신의 경험을 나누는 사람이 많으면 국가와 사회가 성장한다.

우리나라는 경제력으로 세계 8~9위에 이르고 2013년 GDP 1조 2천억 불로 세계 15위에 들어가는 등 경제성장 국가가 되어있다. 이제 세계 사람들은 한국을 떠올리면 잘사는 나라로 생각을 한다.

북한 경제가 최근 3년 연속 플러스 성장을 했다고 한다. 2014년 6월 27일 한국은행이 관계기관 자료를 바탕으로 분석한 '2013년 북한 경제 성장률 추정 결과' 보고서에 따르면 2013년 북한의 실질 국내총생산(GDP)은 전년에 비해 1.1% 늘어났다.

2013년 북한의 대외 교역 규모도 73.4억 달러로 전년보다 5.3억 달러 증가했다. 하지만 작년 북한의 1인당 국민소득(GNI)은 137만 9000원으로 남한(2869만 5000원)의 약 21분의 1에 그쳐 남북 간 경제 격차는 더 벌어진 것으로 나타났다. 작년 북한의 명목 국민총소득(GNI)은 33조 8000억 원으로 한국의 1441조 1000억 원에 비해 약 43분의 1 수준이었다. 한편 2013년 남북 교역 규모는 전년보다 42.4% 줄어든 11.4억달러를 기록했다.

제2차세계대전 후 여러 국난을 치르면서 한국만큼 급성장해서 잘사는 나라가 된 경우는 없을 것이다. 왜정시대의 어려움, 그 뒤 해방 후 혼란기와 6·25 한국전쟁, 자유당 시대, 4·19, 5·16 등 여러 어려운 시기를 겪었다. 그래도 그 안에서 우리들이 각자 자신의 분야에서 열심히 하였던 일이 국가 발전에 건설적으로 기여를 했다고 생각한다.

사람이 태어나 자라며 교육받고 성장하는 1차 시기, 사회에 나와 직업을 갖는 2차 시기, 그리고 60대가 되어 퇴직을 하고 난 후인 3차 시기, 이렇게 인생을 3기로 나누어 볼 수 있겠다. 1기, 2기를 치르고 지금 3기에 들어서서 잘하고 있는지 회고해보면서 어떤 사람이 뜻깊게 지내는지, 지금부터 나와 사회에 공헌하는 사람이 될 수 있을지 생각해 본다.

내 주위에는 금융기관이나 학교나 기업체에서 일한 사람들이 많다. 그중에 나는 기업체에 종사하여 월급쟁이로 30년, 55세에 화장품업을 창업하며 경영자로서 잘 이끌어 오고 있다. 취미로 고미술품 컬렉션을 해서 박물관을 하나 만들었다. 국내전시는 물론 외국(파리, 북경, 런던, 오사카, 도쿄)에도 전시하여 세계적으로 한국의 미를 알리는 데 도움을 주고 있다. 또한 1980년대 중반부터 글을 쓰기 시작해서 꽤 오랫동안 수필을 써 왔다. 내 수필들이 신문, 잡지에 게재되었고 그것을 모아 책으로 만들어서 지금 6권에 달해 수필가라는 명칭도 얻게 되었다. 그러니 나는 성실한 삶을 살고 있다 하겠다.

한국수필. 2014,06

내가 살던 마을, 청양 갑파甲坡

소나무가 우거진 낮은 뒷산 아래 남향의 농가 집, 마을 앞에서 서쪽으로 펼쳐진 밭과 논, 마을을 둘러싸고 흐르는 냇가. 한없이 매력적이고 아늑한 농촌 마을의 풍경이자 내가 살던 대치면 상갑리 갑파의 와마루 모습이다.

사투리로 외마루라고 불리는 우리 마을은 산 밑으로 일곱 가구가 단란하게 지냈던 행복한 농촌이었다.

우리 집은 마을의 가운데 있었는데, 뒤편에는 산이 있고 앞은 들판인, 농사가 잘되는 초가집이었다. 옆집은 최은한네로 울타리에 커다란 수국과 뒤뜰의 우거진 밤나무가 있었다. 은한이 아버지는 목공일을 하시어 소반이나 장롱 같은 것을 만드셨다.

은한이네 윗집에는 내 친구 최병수네가 살았다. 병수는 나와 함께 동네 약방 할아버지께 천자문도 배우고, 들과 산으로 놀러 다니며 친하게 지냈던 벗이다. 병수네 집 위로는 조씨 댁이 살았다. 이 댁에는 딸들이 많았는데 봄철마다 산에서 쑥과 나물을 뜯어다 떡을 만들어 우리 집에 가져다주었다. 근래에는 조 씨 댁이 병수네 집터에 새로 벽돌집을 짓고 산다.

우리 집 아래로 할매네 집이 있었는데 후에 이 집에는 대치면장과 청양읍장을 지낸 동창 최병우가 살았다. 그러다 혼인을 한 이의달 씨가 들어와 돌아가실 때까지 살았다. 그 아래에는 마을에서 부지런하였던 것으로 기억하는 이재복 씨 댁이 있었다. 이재복 씨는 종종 우리 집 일을 도와주시기도 했던 고마운 분이다. 이의달 씨와 이재복 씨의 자손들도 아버지를 닮아 부지런하여 지금은 부농이 되어 독농가로 잘 살고 있다.

마을 끝에는 기계 유 씨 집안의 유두식 씨 댁이 있었다. 그분은 마을로 들어와 새로 집을 짓고 살았다. 당시도 머슴을 두고 일을 하는 부농이었다. 우리 아버지와 호형호제하셨던 분이라 나도 아저씨라 부르며 가깝게 지냈다. 지식이 높은 이 댁 할아버지한테 한문을 배우기도 했다.

반세기도 훨씬 지난 시간의 모습이지만 내 머릿속 마을과 이웃의 모습은 아직도 어제 일처럼 생생히 기억난다. 그때 그 시절 우리는 모두 한 가족처럼 서로서로 도와가며 지냈기 때문이다.

일제 강점의 시기였던 나의 유년 시절에는 농작한 곡식을 공출로 빼앗겨 양식이 많이 모자랐다. 그래서 가을에는 도토리나 상수리를 많이 주워 양식이 모자란 겨울에 묵을 쑤어먹곤 했다. 또한, 부모님은 농사일 이외에도 목공일을 비롯하여 누에치기, 목화 따기 등 밭일과 길쌈을 밤새 하시면서 우리 형제들을 키우셨다. 나도 틈틈이 집 뒤의 산에서 땔감을 가져오거나 풀을 베어다가 소나 염소에게 먹이고, 보리밭에 이삭도 주우러 다니며 부모님의 일손을 도왔다.

부지런한 부모님 덕에 다행히도 우리 집은 마당 앞으로 꽤 큰 밭을 일구며 다른 집에 비해 여유가 있었다. 어머니는 종종 우리 집 일을 도와주신 마을 분들에게 음식 대접을 하거나, 윗집의 딸들이 봄철 춘궁기에 쑥과 봄나물을 뜯어 떡을 만들어 가져오면 쌀을 한 되 퍼주시곤 했다. 우리 집은 부족한 일손을 보충하여 농사를 지어 좋고, 마을 분들은 가족의 먹거리를 해결할 수 있었으니 상부상조의 정신을 올바르게 실천하는 마을이었다.

당시에는 품앗이가 많았다. 나도 어른들을 따라 모내기 품앗이 갔다가 해 질 때까지 일하느라 고생을 했던 기억이 난다. 처음엔 모내기가 재미있어서 어른들을 따라 열심히 했다. 엎드렸다 일어났다를 종일 하니 오후에 허리가 못 견디게 아팠다. 그런 가운데서도 아버지는 나에게 공부하라는 말씀을 잊지 않으셨다.

나는 부모님의 권유와 배려로 중학교 때부터 서울에서 공부할 수 있었다. 그러나 곧 6·25전쟁이 일어났고, 고향으로 내려와 전쟁이 끝나기를 기다리며 청양중학교에 등록했다. 서울에서 공부를 계속하지 못한다는 아쉬움에 나는 더욱 열심히 공부하여 중학교를 2등으로 졸업하고 청양고등학교 입학시험에서 1등을 했다. 우리 마을에서 학교까지 거리는 10km, 나는 걸으면서 영어 공부를 했다. 당시는 지금과 달리 통학로가 시골길이라 도로 사정은 나빴지만, 공부를 하는 데는 지장이 없었다. 이때 굳어진 공부하는 습관은 지금까지도 이어졌고, '공부하는 CEO'라는 이야기를 많이 듣고 있다.

전쟁이 끝나고 나는 청양고등학교에서 덕수상업고등학교(현 덕수고등학교)로 복학했다. 전쟁 후 누구나 다 어려운 삶을 살았겠지만, 나 역시 학교에 다니면서 꾸준히 공부와 돈벌이를 병행하는 생활을 지속했다. 이후 여러 가지 어려운 과정을 겪으면서 덕수상고를 졸업하고, 고려대 상과와 대학원을 마치고 동아제약에 입사하여 회사를 키우고 라미화장품 사장까지 30년, 그 후 코리아나화장품을 창업, 한국의 경영자로 성장하기까지 28년이 되었다. 그동안 회사를 세우고, 옛 유물을 모으고, 대학에서 강의도 하고 수필도 쓰며 궂은일, 좋은 일을 가리지 않고 하였다. 그 덕에 국민훈장 모란장, 문화훈장, 경영자 상 등 많은 상을 받았지만 그중에서도 '청양군민 대상'을 받은 것이 무척 영예스럽다. 10대조 때부터 자리 잡은 갑파, 조상의 음덕으로 내가 태어나고 자란 청양, 고향의 따뜻한 안김을 받았다.

나는 그동안 옛 문화재와 미술품을 모아 박물관, 미술관을 서울 강남에 세우고 수집한 유물 일부를 국립중앙박물관, 덕수상고 백년관, 상갑리 농업박물관 등에 기증해왔다. 이번에 군청에서 백제문화체험박물관을 대치초등학교 칠갑분교였던 장소에 세운다. 백제 시대 토기 가마터를 복원하고, 유물을 모아 청양의 문화를 소개하고 체험해 보는 장소로 운영한다. 나는 2015년 6월에 삼국 시대 토기 유물을 비롯하여 고려 시대 청자 기와, 유병, 동경, 조선 시대 백자청화 도자기 등 200여 점을 기증했다.

이 유물 모두 오랫동안 내 발품을 팔아 한 점 한 점 모은 것이라 아쉽기도 하고 애착이 가지만, 고향에 세워질 박물관으로 보내 나의 일부가 고향으로 돌아가는 기분이 들어서 기쁘다. 또 한편으로는 나의 소장품이 꼭 필요한 곳에 기증하여 전시실에서 빛을 발할 것이라 생각하니 마음이 벅차기도 한다.

고향 마을에 갈 때면 난 마을을 한 바퀴 둘러보며 옛 기억을 떠올린다. 지금은 마을의 전답이 농지정리로 개량되어 많은 논둑이 넓은 논으로 바뀌고, 동네 샛

길도 차량통행이 잘 되게 포장되어 분위기가 예전과 많이 달라졌다. 일곱 가구가 있던 마을에 두 가구의 집은 비어 있다. 그래도 여전히 고향 마을에 살고 계신 분들에게 감사하다는 생각을 한다. 마을에 들어올 땐 새댁이었던 이의달 씨의 부인은 지금도 고향에서 농사를 짓고 계시는데, 언제나 나를 볼 때마다 반가워하신다. 나는 그분이 시집왔던 시절을 생각하며 다시 한번 고향에 대한 추억을 떠올린다. 뒷동산에 진달래, 앞개울에서 가재, 송사리, 붕어 잡기, 우렁, 고동 줍기 그리고 정월 대보름날 마을 친구들과 신나게 쥐불놀이를 하던 기억, 팽이치기, 자치기 등을 하면서 놀다가, 커서는 사랑방에 모여 윷놀이, 엿치기를 하며 놀던 기억, 또래의 친인척들과 재미있게 지내던 시절이 모두 생각난다. 그때마다 나는 어려서 지냈던 마을의 그 어른들과 동무들이 그립다. 이제 내 분신과도 같은 유물이 고향의 박물관에 항상 머물며 나를 반겨줄 수 있으니, 내 고향 청양에 더 자주 방문하리라 다짐해본다.

칠갑문화, 2016,10

팔반ㅅㅕ의 하루

오늘은 토요일이다. 수십 년간 회사원으로, CEO로 일하면서 나는 주말에 쉰 적이 별로 없다. 물론 내가 회사원일 땐 주 6일 근무라 토요일에도 출근해야 했지만, 주 5일 근무제로 바뀐 후엔 토요일에 쉬는 사람이 많다. 내 차를 운전하는 기사도 토요일엔 휴일이다. 막냇동생과 함께 경기도 의정부 근처 송추를 찾았다. 동생은 일찍이 건축사로 일했고 70이 넘은 지금도 건설회사 대표로 일하고 있다. 다정하고 착실한 아우와 오랜만에 함께 길을 나섰다.

북한산, 도봉산, 오봉이 보이고 의정부를 거쳐 도착한 송추 부곡리에선 사패산이 참 아름답게 보인다. 주말에 등산하는 친구들과 가끔 사패산에 올라 넓직한 바위에서 쉬고 먹거리를 나누던 정든 곳이다. 나는 이미 오래전 송추에 내 안식처를 마련해 놓고 시간이 날 때마다 들른다. 지난달엔 다리가 편치 않아 오르지 못했는데, 오늘은 지팡이를 짚고 언덕에 올랐다.

벌초를 부탁하여 늘 말끔하게 정리해주는 마을 주민을 만나고 언덕에 오르니 소나무와 말라가는 나무들이 서 있다. 처음 터를 잡으며 주변에 좋은 관상수를 심었는데 칡덩굴이 관상수를 얽어 매어 나무가 마른 것이다. 칡덩굴이 더는 올라오지 않도록 막아야겠다. 그래도 주변에 있던 소나무는 훨씬 더 자라있다. 키우는 나무는 시들고 소나무는 씩씩하고 아름다운 모습으로 서 있다. 그 아래 자리잡은 정갈한 묘지, 잘 가꾼 묘역이 멀리 사패산을 바라보고 있다. 때가 되면 나도 이 소나무와 함께 오랜 시간을 보낼 것이다.

산에서 내려와 동생과 함께 근처 냉면집 만포면옥으로 향했다. 송추에 들릴 때마다 찾는 곳인데 맛이 아주 좋다. 내가 쉴 곳도 오래간만에 돌아보고 동생과 오붓하게 맛있는 음식도 먹으며 기분 좋은 오전을 보냈다.

집으로 돌아와 낮잠이 들었다. 전화 소리가 울린다. 대학친구 지모군이 타계했다는 안 좋은 소식이다. 그는 내 고향과 가까운 이웃 충청도에서 태어나고 자란 신사다. 행동 하나하나가 바르고 친절했고, 세상을 참 열심히 살았다. 오랫동안 공무원 생활을 하다가 보령제약 회사 사장으로 일하면서 회사 발전에 크게 기여한 친구다. 제약업계 동료로서 자별하게 지냈다. 나이 들어 매월 한 번씩 열리는 고려대학교 월례 강좌에도 나와 반가운 얼굴을 마주하던 친구였다. 때가 되면 가는 것이지만 그동안 아프단 소리 없다가 갑자기 가버려서 참으로 슬프다. 오랜 고생을 안 하고 간 것이 다행이라는 것이 문상을 다녀온 다른 친구들의 의견이다. 인생의 마지막 여정을 큰 고통 없이 마무리한 내 친구의 삶은 해피엔딩이라고 할 수 있을까? 정중히 조화를 보냈다. 교우와 동료들에게 친화력 있었던 벗의 명복을 빈다. 잘가라 친구야.

전화를 끊고, 조선일보 발간 3만호를 펼쳤다. 그동안 신문에는 우리나라뿐만 아니라 세계의 다양한 소식이 신문에 실렸다. 나쁜 일보다 좋은 일을 소개하는 기사가 더 많아야 하는데, 뉴스와 신문엔 늘 안 좋은 얘기가 더 실려있다. 우리는 정권 바뀌는 외중이라 시끄럽고, 세계 곳곳에선 사고가 많이 일어난다. 1920년에 창간한 신문이 3만호가 되기까지 90년이 걸렸다고 한다. 긴 세월이 흐르면서 온갖 시련을 겪으면서 지면을 장식해 온 언론의 경영자와 기자들. 크나큰 곤혹과 난관을 치른 어려운 세대를 겪으면서 국가의 발전을 이끌어왔다.

내 나이도 어느덧 팔반(八半)이 되었다. 신문에 실린 다양한 기사 중 고미술 분야의 기사가 가끔 눈에 띈다. 아무래도 내가 지금껏 살면서 관심을 두고 좋아하는 분야라서 내게는 좋은 기사로 보이나 보다. 신문에는 연일 가뭄으로 물이 부족해 농촌에 어려움이 많다는 기사도 실렸다. 문득 내 고향 마을의 상황이 궁금해 고향 마을 이장에게 전화를 걸었다. 서울의 아파트에선 언제나 물이 충분히 나와서 가뭄의 심각성을 잘 느끼지 못하지만 내 고향엔 저수지가 마르고, 물도 모자라 마을 사람들의 걱정이 많다는 얘기를 들었다. 어려서 모낼 즈음 가물면 속태우시던 부모님의 모습이 아련하다. 가뭄의 심각성이 더는 남의 일이 아니다. 어서 빨리 비가 흠뻑 와주기를 바랄 뿐이다. 이제 장마철이 되겠지. 신문을 읽으며 하루를 마무리하는 것 또한 큰 행복 중 하나다. 그래서 오늘 나의 하루는 해피엔딩이다.

문학공간. 2017.07

주판 학교냐? 야구 학교냐? CEO다

요사이 언론에 '덕출이'라는 표현이 종종 등장한다. '덕출이'는 덕수고등학교 출신의 졸업생을 일컫는 말로, 원래 금융권에서 덕수상업고등학교(2007년 교명 변경) 출신이 스스로를 칭하던 정겨운 표현이다. 그러던 것이 근래 들어 사회 주요 요직인사나 고위 공직자로 임명된 사람 중 덕수고등학교 출신의 인사가 많아지면서 덕수고등학교와 그 졸업생이 재조명 받고 있다.

나의 모교이기도 한 덕수고는 개교 초기부터 상업에 종사할 수 있는 우수한 인재를 양성하던 학교로 이름을 날렸다. 주판 시간엔 셈 공부가 거셌고, 주판을 챙기지 못한 학생은 머리에 주판알을 긁는 벌을 받아가면서 공부했다. 그 결과 그 당시 전국 주판대회에서 우리 학교는 우승기를 자주 가져왔고, 졸업생 대부분이 은행에 채용되어 금융권의 핵심 주역으로 성장했다.

내가 덕수고를 다니는 동안 교장 선생님이셨던 정욱鄭昱선생님은 1946년부터 1956년까지 10년에 걸쳐 덕수고 교장으로 지내시면서, 학교에 남다른 열정을 보이셨던 분으로 기억한다. 선생님은 집안 형편과 상관없이 열심히 공부해 상업에 종사할 수 있는 인재 양성을 위해 미군정청과 교섭하여 을지로 6가에 학교 건물을 마련하는 데도 힘쓰셨고, 수업을 주간과 야간으로 구분해 많은 학생에게 공부할 기회도 제공해주셨다. 정욱 선생님의 노력으로 덕수고는 현재 100년이 넘는 역사를 자랑하는 우수한 학교로 발전할 수 있었다.

특히, 나는 아직도 교장 선생님의 조회 말씀을 듣던 기억이 생생하다. 선생님은 6·25전쟁 전후 소란스러운 시기에 조회 시간마다 학생들에게 열정적으로 공부하기를 강조하셨다. 두껍지도 않은 옷을 입고 추운 겨울, 교정에서 추위를 타며 들었던 교장 선생님의 훈화 말씀은 사회생활을 하면서도 내게 피와 살이 되었다. 그래서 나는 동창회장을 지낼 당시 덕수의 발전에 크게 공헌하신 정욱 선생님의 흉상을 세우도록 동문을 이끌었고 학교 교문 앞에 흉상을 세웠다. 정욱 교장 선생님 외에도 그 당시 여러 선생님이 좋은 가르침을 주셨다. 박상수 국어 선생님의 가르침은 수필가로서 가져야 할 기초 실력을 쌓게 하여, 여러 신문과 수필지에 글을 싣는 수필가 유상옥이 있을 수 있게 하셨다. 영어 선생님이셨던 유용희 선생님의 교육 또한 큰 밑거름이 되었는데, 앞서 언급한 선생님 중 가장 장수하신 분이다.

덕수고는 과거엔 주판을 잘 다루는 학교에서 현재는 야구 실력이 뛰어난 학교로 유명하다. 대통령 배뿐만 아니라 청룡기, 황금사자기, 봉황기와 같은 전국 고교 야구대회에서 우승을 거두고 있다. 덕수고 야구부는 국회의원 3선 경력과 교과서 회사 CEO를 지낸 김광수 전前 동창회장의 야구에 대한 관심으로 설립되었다. 이후 학교에서도 선수 양성에 힘썼고, 동문의 꾸준한 도움과 후원금은 우수한 야구선수를 배출하는 명문 학교로 발돋움할 디딤돌이 되고 있다. 그 결과 덕수고에서 배출한 선수들이 현재 한국 야구 발전에 이바지하고 있다. 90년대 초 선린상고와 덕수상고의 야구대항전에서 시구했던 기억은 아직도 생생하다.

덕수고 동문은 열정적이다. 매월 덕수포럼이라는 조찬 연수를 롯데호텔에서 개최하는데 150명 넘게 참석하며 명강을 듣고 친목을 도모한다. 또한, 내가 동창회 회장을 하면서 마련한 '장한덕수인상'을 매년 시행해 우수한 덕수인들이 많이 배출되는 원동력이 되는 것 같아 대견스럽다. 이젠 수상자가 50명이 되었다.

동창회 회장을 맡아 활동했던 1990년, 덕수고 개교 80주년을 맞아 기념식수로 백송白松을 교정에 심었다. 그리고 서예의 대가이신 일중 김충현 선생께 명필을 청탁해 '홍익인간弘益人間'이라는 현판을 받아 개교 80주년 기념으로 기증하고, 교장실 한편에 걸어두었다. 20년이 지나 2010년에는 100주년 기념식수로 학교 뒷마당에 마로니에 2주를 심었는데, 현재도 멋지게 자라고 있다. 또한, 100주년 기념탑을 교문에 세우고 기념관을 만들어 법무부장관과 감사원장을 지낸 이종남 동문을 비롯한 여러 동문의 기증품으로 학교의 오랜 역사를 보여주도록 했다. 나는 회사 박물관을 위해 수집했던 유물 중 일부를 기증하여 모교 100주년 기념관에 전시하고, 인의예지신仁義禮智信이 쓰인 글은 현관에 걸어 학생들이 지켜나가야 할 인격을 당부하고 있다.

덕수고 동문회는 동문의 정성과 열정으로 설립한 '덕수장학재단'도 운영하고 있다. 2000년대 동문의 힘으로 약 3억 원의 후원금을 모아 가정 형편이 넉넉지 못한 학생에게 1년에 약 5천만 원의 장학금을 지급했다. 내가 이사장을 맡았던 시기에는 동문이 지속해서 출연한 돈 17억 원에 내가 가진 코리아나 화장품 주식 10만 주를 기증해 재단을 더욱 풍부하게 만들었다. 후배들에게 장학금을 줄 수 있도록 애써주신 김광수 전 회장을 비롯한 여러 덕수인들에게 거듭 감사드린다.

덕수고는 과거엔 주판으로, 현재는 야구로 이름을 빛내고 있지만, 우리나라 금융계와 경제계에 크게 기여해 왔다. 최근엔 대법관, 청와대, 국회, 금융계에서 일하시는 분이 많이 늘어나 사회적으로 덕수고의 위상을 더욱 드높이게 되어 뿌듯하다.

지난여름, 시사월간지 『신동아』 8월호에는 덕수고등학교를 대표하는 네 명의 기사와 사진이 났다. 그중의 한 명으로 기업인으로서 역할을 하는 내가 소개되어 놀라면서도 기뻤다. 주판 명문 학교에서 야구 명문 학교로, 더 나아가 매월 조찬연수를 통해 내공의 실력을 쌓아가는 덕수고가 되어가는 모습이 흐뭇하다. 기업가 정신으로 경영에서 빛을 내는 CEO는 국가 경제 발전에 크게 공헌하는 덕수인이다. 바야흐로 덕출이 전성시대이다.

한국수필가연대 제22집 대표수필선. 2017,10

양재천을 걸으며 문화재 기증 생각

하루에 만 보 이상을 걸으면 건강해진다고 한다. 하지만 일을 하면서 만 보를 걷는다는 건 쉬운 일이 아니다. 하는 일과 나이, 건강상태에 따라 하루에 걸어야 하는 양은 사람마다 차이가 나게 마련이다. 그래서 나는 만 보까진 아니라도 오천 보에서 칠천 보 정도로 기준을 정해놓고, 매일 양재천 산책로를 걷는다.

겨울의 한파가 끝날 것 같지 않더니, 며칠 전부터 양재천엔 초봄이 왔다. 개나리, 목련, 벚꽃이 피고 개울물은 맑게 흐른다. 언덕에 풀들이 파랗게 솟아나 봄인사를 한다. 그렇게 찬란한 봄 길은 화무십일홍花無十日紅이다. 지나는 길마다 꽃잎이 수를 놓았다. 바닥에 흩날리는 꽃잎을 보면서 '낙화落花인들 꽃이 아니랴. 쓸어 무삼하리오'라는 시조를 떠올려 본다.

지난 2018년 4월 11일 신사동 스페이스 씨에서 유물 기증식을 했다. 코리아나 화장박물관과 코리아나미술관을 운영하는 코리아나 화장품 법인에 필자가 수십 년간 개인적으로 모아온 우리 문화재 4,800여 점을 기증한 것을 기념하는 행사였다. 기증식에는 정양모 전 국립중앙박물관장, 최광식 전 문화체육관광부장관, 유홍준 전 문화재청장을 비롯해 많은 내빈이 참석해 주셨다. 기증식에 오신 문화계 인사를 비롯해 많은 분이 기증 사실을 전해 듣고 축하해주셨다. 참석하여 보람 있는 일을 했다고 칭찬해주신 문화계 어른들 말씀에 깊이 감사드린다. 지난해부터 전문 부문별 유물 감정에 애써주신 분들께도 감사드린다. 내 문화재 수집의 여정을 마무리 짓는 일을 무사히 마쳐서 다행스럽다.

옛 문화재를 수집하기 위한 첫째는 보는 안목, 둘째는 열정, 셋째는 경제력이 있어야 한다. 오랜 삶 동안 열정을 기울였던 옛 문화재 수집은 힘들었지만, 보람도 많았다.

옛 여인들의 화장용품, 미술품 등을 구하기 위해 주말과 출장길에 시간을 내어 인사동, 장안평, 광주, 대구 등 지방은 물론 프랑스, 일본, 중국, 미국 등 여러 나라를 다녔다. 한 점 한 점 모으면서 안목을 키우고, 열정을 들였다. 작게 혹은 크게 재정적 부담을 감내하면서 10,000여 점을 사려고 마음을 먹었다. 그러는 와중에 국립중앙박물관 개관 100주년을 기념하기 위해 도자기 유물 200점을 기증하고, 모교인 덕수상고 100주년 기념관, 나의 고향 청양에 있는 백제문화체험박물관에 200점을 기증했다. 월급쟁이 30년, 창업자이자 CEO로서 30년, 총 60년 동안 모은 애착을 가진 귀한 유물들을 모두 회사 법인에 기증하며 유종의 미를 거두었다. 끈질긴 노력과 인내의 의지로 모아 온 지난날을 생각하니 '시작은 미약하나 끝은 창대하리라'라는 옛말이 떠올랐다.

유물 기증의 소식은 조선일보와 매일경제를 비롯한 여러 언론사에서 기사로 써줬다. 대한민국의 CEO이자 CCO(최고문화 경영자를 뜻하는 Chief Culture Officer의 약자)의 한 사람으로서 큰 영광이 아닐 수 없다. 특히, 매일 아침 새 소식을 읽는 신문에서 나의 얘기가 다뤄지니 기쁘고, 오랜 애독자로서 감사하다.

문화재 수집만큼 나는 메모하는 습관이 있다. 나는 젊은 사원에게 업무나 강의 때 기록하는 습관을 들이라고 권고한다. 기록은 오래되어도 남지만, 기억은 금방 잊혀버리기 때문이다. 기록은 과거의 자료를 찾는 기능도 하지만, 지나온 세월의 추억도 찾아내곤 한다. 나는 종종 수첩에 적힌 기록을 보면서 평생 무엇을 하며 성취했나, 지나온 세월 내가 해온 일들을 돌이켜보곤 한다. 최근에 서재를 정리하다가 메모지 한 장을 찾았다. 수십 년 전 내가 하고자 했던 꿈, 비전이 적혀져 있었다.

서재를 정리하다 나온 메모. 필체와 종이 상태로 보아 1990년대에 쓴 메모인 듯하다.

누렇게 바래진 종이 위에 내가 다짐했던, 지금은 성취한 꿈이 적혀있었다. 생각하고 기록하고 간직하니 어느덧 이렇게 목표를 이루었다. 그래서 나는 유물을 수집하고, 연구하고, 자료를 기록하며 살아왔는가 보다. 홀연히 지나가고 사라지는 것들을 간직하고 싶어서 한 점씩 사 모은 유물을 살필 때마다 매 순간 성취의 기쁨을 느끼던 순간이 생생히 떠오른다.

한국수필. 2018.04

요즘은 고향에 내려가거나 시간이 날 때마다, 조상의 묘소를 찾아
자손의 예를 올리는 것에 더 많은 정성을 쏟고자 노력하고 있다.
많은 후손이 조상을 모시는 데 있어, 진심을 갖기 바란다.

- 「조상 모시기」 중에서

3부
모시고

상갑리上甲里 산신제

청양 읍내에서 1시 방향으로 20리 길에 대치면 상갑리가 있다. 대치면은 칠갑산을 끼고 고구마 모양으로 길게 남북으로 뻗어있다. 상갑리는 시전리 농소리를 거쳐 대치면의 북쪽 끝마을이다. 서쪽은 은곡면, 동쪽은 공주군 신풍면이다. 북으로 국사봉, 동남으로 뻗은 산줄기는 형산리의 대덕봉을 거쳐 칠갑산으로 이어진다. 분지를 형성한 마을 이름을 옛부터 청양갑파甲坡라 하였다. 마을은 그리 높지 않은 산으로 둘러싸여 있고 시냇물이 남으로 흘러 농소리, 수석리를 거쳐 청양천으로 흘러간다.

내가 자라던 일제 강점기에는 150여 가구가 옹기종기 모여 살았다. 원 터, 와마루, 대마직이, 안골, 만전동, 하갑, 양지터 등 작은 마을 이름이 있고 한두 집이 있는 외딴 마을과 산골짝의 이름도 있다. 운곡으로 넘어가는 참나무장고개, 공주로 가는 줄바위고개가 있다. 득지골, 가그말, 득성이, 고정자, 속뜸, 새암골, 마장골, 주막거리, 황새모퉁이, 산제당, 석각날, 구렁목 등이다. 마을 가운데 넓은 들판은 지름진 논이고 산 밑에 옹기종기 자리잡은 집 앞에는 텃밭이 달라붙어 있다. 이앙기에 가물면 논에 물대는 것이 걱정이었지만 지금은 저수지가 두 개나 있어서 농업용수 걱정은 없어졌다.

마을의 안녕과 풍농을 기원하는 산신제山神祭를 매년 정월 열 나흘 날에 산제당에서 올린다. 산제를 옛부터 정성껏 모신 덕분으로 마을에 재앙이 없다. 일제강점기 때 일본으로 끌려가서 희생된 사람이 없었고 6·25 때도 공산당에 가담한 자도 없었고 희생된 사람도 없었다. 외지에서 피난 온 사람이 많았고 부역한 사람도 없었으니 마을 사람들은 산제를 정성껏 올려 산신이 도왔다고 믿는다.

마을에서는 매년 산제를 지낼 화주化主를 정한다. 요샛말로 제사 당번이다. 화주가 되면 3주일 전부터 집안을 청결하게 하고 외인 출입을 금지시켜 부정不淨을 막는다. 대문 앞에 황토를 파다가 두 줄로 세 무더기씩 놓고 대문에 금禁줄을 친다. 이것은 가족 외의 사람 출입을 막는 표시다. 화주는 마음과 몸을 깨끗이 하고 집안을 청결히 하며 살생을 금한다. 산제가 임박하면 제수 준비에 들어간다.

부정이란 민간신앙에서 어떤 대상이나 일이 악귀를 자극하거나 신령의 노여움을 일으켜 재앙이나 질병을 불러온다고 믿어지는 생리적, 물리적, 정신적, 윤리적으로 흉하고 더러운 것이나 일을 말한다.

산제는 소고기, 떡, 술 등 제수를 올려 제주의 헌작과 독축讀祝 소지燒紙의 순서로 진행된다. 마을 주민의 이름을 한지에 적어 안녕을 축원하며 불사르는 행사다. 산제당은 두 개의 작은 건물로 위 칸은 제당, 아래 칸은 준비실이다.

마을에선 소 한 마리를 잡아서 산제에 올리고, 산제 다음날 고기를 마을에 나눈다. 마을에서 소고기국을 먹는 날은 매년 정월 보름날뿐이었다고 기억한다. 나의 선친은 이때 소고기와 소 뼈를 구해오셨고 큰 가마솥에 끓여서 며칠을 포식하곤 하였다. 당시 소는 관의 관리 종목이었다. 송아지를 낳으면 면사무소에 신고하여야 했다. 마을에서는 송아지 한 마리를 신고 누락시켰다가 산제에 쓰고 마을에서 나누어 먹었다. 내가 어릴 때 산골마을의 겨울은 추웠다. 솜바지와 솜버선, 짚신을 신고 얼음판에서 썰매를 타고 팽이를 치며 놀았다. 초가지붕 밑을 더듬어 참새를 잡아다 쇠죽 끓이는 아궁이에 구워먹곤 하였다. 이때 부모님이 화주가 되어 정성드리던 모습이 지금도 기억이 생생하다. 산제당이 지은 지는 수백 년이나 되었는지 몇 년 전 제당이 도궤倒潰될 지경에 이르렀다는 복찬규 이장의 말을 듣고 보수비를 내놓은 적이 있다.

몇 년 전 박철우 교수와 동행하여 아름다운 내 고향을 방문하였다가 생전 처음 산제당엘 올랐다. 안골 뒷산 중턱에 오래 묵은 소나무 숲 사이에 작은 건물 두 채가 있다. 산제당은 마을 사람들도 산제 때만 오르는 금지된 구역이다. 이 날 산제당을 둘러보던 박 교수는 왕벌의 습격을 받고 기겁하여 하산하며 외지인의 침입을 용케 알아보고 공격을 받았다며 웃었다.

마을 청년들의 이농 출향으로 고령화 되어가고 가구 수도 60여 호로 줄어들었지만 이 산신제는 어떠한 종교적이거나 무속적인 것을 떠나서 마을댁의 안녕을 기원하는 순수한 마을 행사로 이어져 내려오는 전통의례이며 미풍양속美風良俗이다. 종교적 판단을 떠나서 마을의 안녕을 기원하는 미풍양속으로 마을사람의 정신적 의지가 되는 산제가 오래도록 이어지길 출향인의 애향심으로 기원한다.

충청문학. 2009.04

나의 조부 순재공純齋公

나의 조부께서는 1891년에 출생하시어 올해로 120주년이 된다. 한학漢學을 깊이 익히시고 당시 서당인 갑명사숙甲明私塾에서 훈장으로 계시면서 동리의 젊은이들을 가르치셨다. 조부께서는 독립의사獨立義士 화산華山 이칙李伙 선생을 스승으로 모시고 학문을 깊이하셨다. 이칙 선생은 면암 최익현勉庵 崔益鉉 선생의 제자이시다. 면암선생은 고종황제때 고위관직에 계시면서 일본과의 늑약체결을 극구 반대하시어 도끼를 끼고 대한문에서 간諫한 신하로 알려졌다. 그 후 조일합방이 되자 의병을 모집하여 반일운동을 하다가 체포되어 대마도로 유배되었다. 부산을 떠날 때 물통을 싣고 가서 일본이 주는 음식은 먹지 않고 가지고 가신 물만 넘기다가 작고하셨다. 이칙 선생은 면암과 같이 유배되었다가 면암의 작고로 충남 청양의 장지까지 귀환하신 후 동가식 서가숙東家食 西家宿 하시면서 독립운동과 후진양성에 힘쓰시던 시절 조부 댁에 자주 모셨던 것으로 전해졌다. 우리 집안의 종부宗婦이셨던 나의 조모가 이 선생님은 가을에 오시면 봄에 가시고 봄에 오시면 가을에 가시곤 하셨는데 계시는 동안 숙식을 대접하고 가실 때에는 새 옷을 지어드렸다고 말씀하셨다.

조부께서 단명하시어 1931년 42세에 작고하셨는데 이칙 선생께서 "순재純齋 유종열전"이란 글을 남기셨다. 이 글은 무안유씨 족보에 게재되었다. 내가 철이 들어 족보를 뒤적이다가 조부의 전기를 찾았다. 이 전기를 조부께서 작고하신 지 50주년이 되던 해에 상갑리 하갑 뒷산 소재 묘역에 묘비명으로 새겨 모셨다. 이때 조부의 수제자 이의식 선생을 비롯하여 윤정태, 심상열, 복기용 씨 등 많은 분이 추모사를 남겨주셨다. 이의식 선생은 조부의 제자이면서 내가 광복 후 중학교에 입학하기 전 맹자 7권을 배웠다. 선생께 배운 것을 그 손자에게 전수하시면서 조부의 학덕과 삶에서 지켜내려온 인의예지신仁義禮智信을 배워서 나의 생애에 큰 보람을 일게 하셨다.

10년 전 복기용 선생이 순재공의 비석이 산중 묘역에 서 있어서 일반인들이 찾아보기 어려우니 여러 사람이 볼 수 있는 곳에 숭모비를 모시자는 의견에 따라 마을 회관 앞에 아담한 순제공 와비臥碑를 세워 모셨다.

조부께서는 4남 1녀 중 장남으로 동생들을 교육시키고 분가시켰다. 자신은 4남을 두셨지만 모두가 40대에 단명하시고 손자대에 왕성한 사회활동을 하고 있다. 증조부(순재공의 부친)께서는 독농가篤農家로서 부富를 일으키시고 84세에 작고하시어 내가 7세 때 의골 종산에 장례를 모신 기억이 남아 있다.

1939년 증조부가 작고하던 해 객지로 나들이하시던 백부伯父가 병사하셨다. 나의 조부 순재공께서 작고하신 지 10년도 안 되어 그 큰 종가집은 몰락하였다. 2차 대전 중 일본은 농산물을 걷어가고 수저와 제기 등 모든 금속물을 걷어가던 시절에 나의 조모와 백모가 큰 집을 유지하기가 어려워지자 손자 선호善浩

(나의 사촌)를 중학교에 보내고저 유산을 다 정리하여 서울로 이주하였다. 조모께서는 큰자부와 손자(나의 사촌)들과 거주하였지만 시골에서 정리하여 온 가산은 거의 없어진 모양이었다.

나는 서울에 살면서 가끔 고향을 내려 다니었는데 둘째 종조부댁을 방문하였다. "얘 너의 조부께서 많은 책을 지니고 계셨는데 돌아가신 지 오래 되었지. 너희 큰댁에서 서울로 떠날 때 남은 책을 우리 헛간에 두고 갔으니 챙겨보아라." 그 말씀을 듣고 헛간에 버려진 한서들을 내가 챙겨서 지금까지 보관하고 있다. 버려지고 없어지고 몇 권 남은 서책 중에서 순재공이 달필로 한지漢紙에 옮겨 쓴 책을 살펴 보면 이분의 학식과 필력을 능히 짐작할 수 있다. 다만 공이 가신 후에 남은 가족들이 서책을 보존할 능력이 부족하여 이 책들을 헐어서 벽에 바르고 광주리에 바르고 불쏘시개로 쓰다가 남은 것을 서울로 가지고 가지 못하고 동리 어른댁에 맡기고 떠났다고 생각된다. 아쉽지만 몇십 권의 간행물刊行物과 순재공의 필사 초본이 전해 내려오는 것이 다행스럽고 이칙 선생이 "순재"란 아호雅號를 주시고 전기를 남겨 주심에 깊이 감사드린다.

할머니께서는 청양군 청남면 상장리(막골) 칠원 윤 씨 집안에서 태어나시어 우리 문중택으로 출가하시었다. 시모가 일찍 작고하시고 4형제와 한 시누이를 키워 출가시키고 세 분의 시동생을 분가시키면서 종부로서의 누대의 제례를 모시고 집안의 살림을 꾸려오셨다. 세상이 바뀌고 가세가 기울면서 서울로 이주하셨다. 나의 사촌이 조모를 잘 모시고저 하였지만 경제력이 모자라서 어려움을 겪고 있었다. 당시 나는 6남매와 어머니, 그리고 신혼 부인까지 8명의 가정이었다. 그러나 조모님의 어려운 생활을 방치하기가 어려워 모친과 의논하였다.

"할머니를 우리가 모시자고." 어머니는 쾌히 승낙하시어 할머니를 우리집으로 모셨다. 이때 대식구 집으로 출가해 와서 갖은 역경을 겪은 나의 아내에게 고맙게 생각한다. 그 뒤 여동생은 출가시키고 남동생은 분가시키면서 나의 자식 3명과 함께 60~70년대에 조모님을 편안히 모셨다. 84세까지 말년을 사시고 발병하신 지 며칠 만에 돌아가셔서 청양의 고향 마을에 조부와 함께 모셨다.

조모는 조부보다 배나 오래 사셨다. 서울에 올라와 사시면서 네 분 아들을 다 잃으시고 얼마나 괴로우셨을까. 하지만 우리네 3형제가 모두 사회에 기여하는 손자들이었으며 말년을 우리가 모셨으니 다행스럽다.

조부께서는 손자가 있어 집안과 종중을 돌보며 사회적인 기업가로서 문화인으로서 국가사회에 기여하는 여생을 보내고 있사옵니다. 2010년은 조부 순재공 탄신 120년이 되는 해를 기념하여 그동안 모아온 자료를 모아 숭모집을 만들어 후손과 이웃에 남기옵니다. 조부님 영면하시옵소서.

2010년 10월 16일
손 상옥 올림

칠갑문화. 2010.11

가례家禮를 지켜온 나의 할머니

 나의 할머니는 조선 시대 말기에 출생하시었다. 당시 풍습에 따라 20세가 넘기 전에 출가하셔서 가풍이 쟁쟁한 우리 집안의 종부宗婦가 되셨다. 증조부는 아들 넷, 딸 하나를 두셨는데 그 집안의 큰며느리가 되어 온갖 집안일을 맡으시고 세 분의 시동생을 분가시키고 한 분의 시누이를 출가시키는 일을 맡으셨다. 시어머니가 일찍이 돌아가셨으니 큰며느리의 할 일이 많았을 것이다. 당시는 농업사회인지라 주민들은 농사에 종사하고 가계에 여유가 있는 집안의 어린이는 학교나 동네 서당에서 글 공부를 할 수 있었다. 우리 할아버지는 마을에 갑명사숙甲明私熟이란 서당을 개설하고 훈장이 되셨다.

 할머니는 마을의 훈장님 부인에다가 몇 대의 종가댁 부인이었으니 매사에 소홀할 수 없는 집안에서 젊은 시절의 가례를 맡으셨다. 칠원 윤 씨의 가문에서 장녀로 출생하셨으니 어느 것 하나 소홀함이 없으셨으리라.

 이 큰집의 둘째인 아버지는 분가하여 윗 동네에 사시면서 큰집 일을 돌보시었다. 칠갑산 서쪽의 가파마을은 150여 가구가 살고 있었다고 기억한다. 증조부와 조부모, 큰아버지댁 식구 그리고 농사일을 거드는 식구와 사랑방, 헛간, 잿간 모두 합쳐 제법 큰 집에서 사셨다.

조선조 말에 충신 면암 최익현 선생은 큰 벼슬을 하시고 의병 활동을 하다가 체포되어 일본의 대마도에서 굶어 돌아가셨다. 그분의 제자 이칙李伏선생이 조부의 스승으로서 조부댁에 머무시며 깊은 학문을 지도하셨다. 할머니께서는 숙식의 대접은 물론 세탁과 의류도 선생께 갖춰드렸다. 할아버지는 원래 몸이 약하셨던지 42세에 작고하시었다. 이칙 선생은 젊은 제자의 작고함을 슬퍼하시고 '순제전純齊傳'이란 글을 남기셨다. 이 글은 우리 문중의 족보에 등재되었다. 순제란 할아버지의 호號이다. 돌아가신지 50주년 되던 해 선생의 글을 묘비에 새겨 묘역에 세웠다.

증조부께서는 가장으로서 집안일을 잘 거두시다가 1940년 작고하시면서 가계에 어려움이 닥쳐왔다. 할머니는 아들만 셋을 두셨는데 증조부가 돌아가시던 해에 큰아들은 외지로 새 사업을 모색하던 중 병을 얻어 작고하셨다. 막내 아들은 일찍이 서울에 나와 양조장 기술을 습득하셨다. 일제 강점기에는 일본 징용으로 끌려가 고생을 하셨고 6·25 때는 증용으로 고생하시다 마포 소재 주정 공장장으로 근무 중 전기감전으로 억울하게 작고하셨으니 할머니의 슬픔은 이루 말하기가 어렵다. 그뿐이랴. 큰댁과 차남인 나의 부친이 자녀 교육을 목적으로 문전옥답을 정리하고 서울로 전 가족이 상경하였다. 나는 동생들보다 먼저 상경하여 학교에 다니면서 다른 일을 하고 있을 때다.

할머니께 다시 불행이 찾아왔다. 나의 아버지가 큰 교통사고를 당하여 타계한 것이다. 할머니의 아들 삼형제가 모두 가버리었으니 통곡할 일이 아닌가. 마음씨가 착하신 할머니는 이제 아들을 모두 먼저 보내고 슬픈 마음으로 지내셨다. 이제 남은 것은 어린 손주들밖에 없는 가여운 노인으로 변해 버렸다. 가산을 정리하고 상경한 종손자는 고등학교를 마치고 사업하여 돈을 벌고 싶었다. 그러나 쉽게 돈이 벌리지 않았다. 돈을 벌기는커녕 꾸어준 돈도 받지를 못하고 벌려놓은 가게는 손실만 나게 되어 가정살림이 매우 어렵게 되니 할머니의 생활이 고생으로 바뀌었다.

이 당시 우리나라의 경제는 모두 어려웠던 시절이다. 농촌에서 농사짓는 사람은 자기 농사로 식생활을 유지하였지만 도시의 서민생활은 매우 어려웠다. 이 당시 할머니의 할 수 있는 일은 아무것도 없으셨다. 할머니를 모시고 있는 종손은 매우 곤경에 처해 있었다.

이때 나는 경제적인 곤란을 무릅쓰고 대학을 졸업하고 제약회사에 공채로 입사하였다. 나에게는 희망이 찾아왔다. 왜정강점기에도 농촌의 가계는 유지되었다. 농토가 적은 사람은 품팔이 하거나 남의 땅을 경작하여 적은 양식을 나누어 먹고 살았다. 하지만 6·25 후 도시의 생활은 어려움이 많았다. 농사를 지을 수도 없고 도시의 빈민은 늘어만 갔다. 그 빈민 속에 할머니는 계셨다. 판자촌에 사시면서 전에 농촌에서 치룬 가례를 지킬 수 있었겠는가.

나는 어머니와 의논해 할머니를 내가 모시었다. 할머니는 매우 좋아하셨다. 종부로서 집안의 가례를 지키셨던 젊은 시절을 보내고 종손 따라 서울에 올라와 고생하신 고난의 시절을 보내고 나이 드시면서 나의 집에서 십여 년을 보내셨다. 둘째 며느리인 나의 어머니와 편안한 생활을 하셨다. 나는 지금도 84세로 돌아가신 할머니를 말년에 내가 모신 것을 자랑스럽게 생각한다. 원래 가정에서 어른을 모시는 예의범절에 익숙하시고 가례로서 대대조상의 기제사와 명절 차례에 따른 일을 오랫동안 치루시었다. 남편은 학자로서 마을에서 존경받는 분이셨고 수시로 다가오는 가례를 치루시었다. 제사 때면 집안의 젊은 아낙네들을 불러모아 제례 준비를 하시었다. 그 많은 유기그릇을 제사 며칠 전에 깨끗이 닦아놓고 제물을 준비하셨다. 내가 어려서 어머니 따라 할머니 댁으로 가서 그 정성드림을 직접 보았다. 밤중에 지내는 제사가 끝나야 맛있는 음식을 먹게 했다.

나는 중학교 입학 전에 한문 공부를 하였다. 그 당시 어린 나에게 지방과 축문을 쓰라는 작은할아버지의 지도를 받고 제례형식과 음식의 차례에 대한 지식을 지금도 기억하고 있다. 그 어려웠던 가례를 젊은이들에게 전달하고 있다. 가문의 영광으로 내려온 가례를 지키자고.

수필시대, 2011.09

종부宗婦

　종부란 종가의 맏며느리를 말한다. 큰집안의 큰며느리는 그 역할이 매우 크다. 친족간의 화목을 챙겨야 한다. 시부모와 조부모, 조부모의 형제자매, 그리고 그들의 아들과 손자들도 다 챙겨야 한다. 조부모 위에도 증조부모, 고조부모까지 종부는 모두 봉사해야 한다. 근래에는 세속世俗이 많이 변해서 윗대의 친인척에 관한 일이 많이 감소하였지만 성씨에 따라 아직도 종부의 역할은 많이 남아 있다.

　가례家禮를 지켜야 한다. 부모, 조부모, 증조부모, 고조부모까지는 돌아가신 날에 기제사를 모시고 추석과 설에는 차례를 모셔야 한다. 즉 4대 봉사를 모신다. 나의 조부가 나의 손자에게는 고조가 된다. 예부터 할아버지의 할아버지가 고조이니 4대 봉사로 조상에 대한 효孝를 다하는 것은 당연한 한국의 전통문화라 할 것이다. 5대 조부모부터는 제사가 시제時祭로 올려 모시므로 종부의 일은 줄어든다.

　종부는 선대부터 물려받은 위토를 비롯한 부동산과 대대로 물려받은 유산을 관리하게 된다. 옛날 어른들이 쓰던 유품遺品을 버리지 말고 간직하여 두는 것도 종부의 책임이요 의무인 것이다.

  종부는 가례에 따라 4대 봉사를 하면 여덟 번의 기제사와 두 번의 차례를 모셔야 하고 혹 할머니가 작고하여 재취한 분이 계시면 기제사의 횟수는 늘어난다. 지금은 사회제도가 발달하여 시장에서 제수를 마련할 수 있지만 옛날에는 모든 제수를 가정에서 마련하여야 했으므로 종부의 노역은 막심했다. 내가 어려서 종부이신 할머니의 가례 수칙을 보아 왔다. 제사에 쓸 과일은 늘 말려서 보관하시고 제삿날 며칠 전부터 놋쇠로 만들어진 제기를 꺼내놓고 놋그릇을 깨끗이 닦는 것을 보아왔다.

  종부이신 할머니는 백모이신 큰며느리, 나의 어머니이신 작은며느리, 때로는 질부들을 큰 제사를 모실 때 모두 불러서 제수祭需 마련에 틀림이 없으셨다. 제사 때면 어머니 따라 할머니 댁에 가서 놀다가 자고 밤 중에 깨워서 제사에 참여하였다. 이때 제사에는 집안의 할아버지, 아저씨들이 모여서 제사를 모셨다. 이때 기억 나는 것은 제사 음식을 먹는 기대와 제사 때 젯상 앞에서 절하는 사람과 그 뒤에서 엉덩이에 절을 하는 것을 보고 웃었던 기억이 지금도 남아 있다.

  조선시대의 반가班家에는 종가집이 있었다. 종가는 조상의 재산을 크게 물려받으므로 그 역할이 크고 종가댁은 큰 건물을 차지하고 그 가문의 위세를 보였다. 그 종가가 국가의 법규개정으로 옛날 가례를 지켜내기가 어려워졌다. 하지만 아직도 옛 가례를 잘 지켜 내려오는 종가들도 많이 남아있다. 특히 경상북도 안동지방에는 이름있는 종가댁이 많이 남아있다. 내가 찾아가 본 종택도 여러 곳이다.

임진왜란 때 큰 역할을 하신 서애 류성용(1542~1607)은 많은 유물을 보존한 영모각과 종가댁을 남기시어 그 당시의 양반댁 가례를 짐작케 한다. 류성용 종택의 마을은 '하회'다. 몇 년 전 영국의 엘리자베스 여왕이 한국을 방문하였을 때 이 마을의 입암 종택 양진당을 찾았었다. 그 종택의 품위있는 꾸밈새도 좋았고 종부가 내놓은 식혜와 은행을 대접받았고 바깥채의 큰사랑에도 손님이 가득했다.

퇴계 이황 선생은 당시의 퇴계문화를 지금껏 보전하고 있다. 도산서원에는 완락재, 암서헌, 농운정사, 시습재, 상덕사, 전교당, 한존재, 박약재, 홍의재, 광명당이 남아있고 생가, 묘소, 후손의 거소인 추월한수정秋月寒水亭이 잘 보존되어 있다. 몇 해 전 도시에서 생활하던 종부가 시댁으로 귀환하여 전통을 이어가는 모습을 보고 감복하였다. 그 후 그 종부의 할아버지가 작고하셨지만 그 큰 집의 가례와 매일 찾아드는 방문객을 잘 치러낼 각오를 하였단 말인가.

하회로 가는 길에 우리 일행은 임진난 때의 학봉 김성일 가문의 종택을 예방하였다. 그 댁의 나이 드신 종손이 작고한 지 몇 달이 안 되어서다. 그 종가의 지금 종손은 나의 대학 후배였다. 방문객 20여 명을 대표하여 나와 하동 정 씨 문중 도유사 정환상 어른이 문상석에 올랐다. 상주는 상복을 차려입고 정중히 곡哭을 한다. 아직도 조선조 때의 장례의식을 그대로 유지하고 있음에 놀라웠다. 이 김 씨 종가댁에서는 우리 일행을 객실에 안내하고 다과를 대접하였다. 우리 일행이 문상을 예고한 것도 아닌데 여러 사람의 문상객에게 대접을 하다니 이 댁의 종부는 얼마나 예절바르고 분주하겠는가.

안동지방 외에 충청도에도 종가가 있다. 논산시 노송면 교촌리에 중요 민속자료 제 190호로 남아있는 숙종 때의 학자 윤증이 건축한 고택이다. 파평 윤 씨의 세거지世居地로 뒤에는 산이 있고 집 앞에는 연못이 있고 그 안에 돌산이 있다. 종가의 주택은 보존 상태가 양호하니 찾아볼만한 곳이고 이 종가의 가례는 충청도에서 으뜸이라 할 것이다. 세상의 모든 것이 바뀌었고 내려온 가례도 많은 종가에서 간소화되었거늘 이같이 지켜 내려오는 가문에 경의를 표할 만하다.

이제 사회구조가 바뀌었는데 비해서 종택의 역할을 살펴보았다. 하지만 현대사회에서 젊은 여성들은 종부되기를 바라지 아니한다. 종부는커녕 맏며느리 되기도 기피하는 시대로 변하였다. 상속 재산이 맏아들에게 배분 비율이 달라졌으며 다산多産 시대는 사라지고 소자화小子化 시대로 바뀌었다. 따라서 장자 상속의 종부 역도 줄어들었다. 또한 종부의 역할을 나누어 함으로써 일 양이 줄어들고 제사 수를 조정하여 제사 준비도 줄어드는 추세이다.

종부가 그 가문의 가례를 지금껏 정성들여 지켜오는 것은 아름답고 존경스러운 일이다. 하지만 인구와 사회환경의 변화에 맞추어 가례를 단순화하고 기제사를 합치는 사례, 합동제례로 바꾸는 사례, 조상의 제례를 폐기하는 나쁜 사례 등으로 바뀌고 있다.

가례를 잘 지켜나가는 가문의 종부를 존중하고 미덕의 계승자로 인정하는 여유가 계승되면 좋겠다.

칠갑문화. 2011.10

조상 모시기

나는 유학을 근본으로 한 삼강오륜을 중시하는 가풍에서 자랐다. 자연스럽게 유학의 규범은 그 어떤 종교적 사상보다 내 삶에 큰 영향을 끼쳤다. 어려서부터 유교경전을 접하고 공부를 하다 보니 일찍부터 가치관이 정립된 것이다. 그래서 누군가 내게 종교가 무엇인지 묻는다면 선뜻 유교라고 대답할 정도다.

내 사상의 기준이 되는 유교 사상에서 '효孝'는 부모에 대한 공경을 바탕으로 자식이라면 모름지기 반드시 행해야 할 중요한 덕목이다. 살아계실 때는 물론이며 부모가 작고한 후에도 경애하는 마음으로 제사를 잘 모시는 것을 '효'의 범주로 보기 때문이다.

유학을 중시한 가문이어서, 부모님의 기일에는 모든 형제자매가 참석하여 제사를 올린다. 이때는 독실한 개신교도인 형제도 참여한다. 종교야 개인 선택의 문제이므로 형제자매라 할지라도 관여할 일이 아니지만, 자식 된 도리로서 부모의 제사를 모시는 것은 당연한 의무이므로 제사에 틀림없이 참여하고 있다. 제사를 주관하면서, 그들에게 참여는 하되 예를 올리는 방식은 자유롭게 하라고 한다. 제사를 모시는 것은 마음이 중요한 것이지, 형식이 중요한 것이 아니다. 형식을 강요하다 보면, 자칫 자신의 종교적 율법에 어긋남을 느낄 수 있다.

현재 우리나라는 동양과 서양의 종교적 사상이 혼재되어 있다. 전통사회에서 근대사회로 발전하면서 서양 선교사들의 노력이 있었고, 그 과정에서 그들의 종교·문화적 사상이 우리에게 전파되었다. 그들의 눈에 비친 당시 조선 사회는 유교적 관습에 얽매여 악습을 떨쳐버리지 못한 것처럼 보였고, 이런 문화를 개선하는 것만이 조선을 개화시키는 일이라 생각했을 것이다. 그 결과 수많은 전통문화는 폐습弊習으로 치부되어 없애거나 하지 말아야 할 범주에 포함되어 버렸다. 그중에서도 특히 조상신과 민간신앙에 관련된 문화는 가장 큰 영향을 받게 되었다. 이것은 타 문화를 충분히 이해하지 못한 채 자신들의 것만이 옳고 우월하다고 여기는 자문화중심주의自文化中心主義가 젖어서였다. 이 문제는 근대화가 시작되고 100여 년이 흘렀지만, 아직도 한국사회에 많은 논란이 되고 있다. 그중 대표적인 것이 개신교인으로서 제사를 지내는 것이 옳은가 옳지 않은가에 대한 논란이다. 이 개신교 내에서도 이견이 있는 모양이다. 그러나 나는 이 문제를 논할 때, 종교나 사상이 아닌 자식 된 도리로서 부모를 대하는 '효'의 개념으로 생각하길 바란다. 종교가 있는 것은 좋은 일이고, 종교가 없는 것보다 종교를 갖는 것이 좋다고 본다. 하지만 종교 생활을 하더라도 자신의 근본은 지켜, 조상과 부모에 대한 후손의 예를 행해야 한다고 생각한다.

후손된 입장에서 자기 뿌리가 되는 조상을 기리고 추억하고자 할 때, 제사가 여의치 않으면 산소에 찾아가는 것도 좋은 것이라고 본다. 묘가 있으면 내 부모, 내 조상이 여기 모셔져 있다는 생각이 든다. 요사이 많이 늘어나는 화장火葬문화에 대해서 나는 아직 익숙하지 않다. 화장을 해버려서 묘가 없는 경우에는 내 근본이 사라진 것이 허망하고, 조상의 흔적이 없으니 난감하고, 또한 조상에게도 불효 하는 것 같다는 생각이 든다. 이런 주제로 친구들과 토론이 벌어질 때도 있지만, 다행히 아직 친구 중에는 내 의견에 동의하는 쪽이 많다.

  그러나 시대가 변하는 만큼 전통 있는 가문에서도 이 문제에 대해 논의가 많은 것으로 알고 있다. 그래서 조상의 산소를 소홀히 관리하는 집안도 점차 늘어나고 있다. 왕손인 전주 이 씨^{全州 李氏} 가문을 비롯한 그 외 몇몇 명문가를 제외하고는 옛날과 비교하면 차이가 크게 난다고 한다. 실제로 지방에 가보면 마을마다 동네 뒷산에 묘가 산재해있다. 그런 묘들을 보면 후손들이 어떻게 관리하느냐에 따라서 묘의 상태가 다르다. 물론 산지가 개발되어 없어지는 경우도 있지만, 결국은 죽어서 어디에 묻히느냐 또는 후손들이 산소를 얼마나 잘 보존하느냐에 따라 죽고 난 후 묘의 수명도 달라진다. 이것 역시 하나의 섭리가 아닌가 싶다. 우리 가문은 조상의 은덕을 추모하고자 매년 열리는 시향^{時享}에 정성을 들이고 있다. 특히 10대조 이후의 후손 중에서 152분의 비석을 한곳에 모신 제단에서 시제^{時祭}를 모신다. 어린 시절에는 시제 때마다 묘를 일일이 찾아 다녔던 기억이 있다. 지금은 비석을 한데 모아 제단을 만들고 거기서 제를 지내는 덕분에 후손의 참여율도 높아졌고, 숭조^{崇祖}사상을 고취하는데 큰 도움이 되고 있다.

  출장이나 여행 등으로 지방을 가게 되면 가끔 묘소 주위에 비석이나 둘레석이 없는 등 묘지 관리가 안 되어 있는 경우를 보아 안타까운 마음이 든다. 나는 여러 조상님의 묘소 주변에 비석과 둘레석을 자비를 들여서 세워드리고, 묘지 관리도 해오고 있다. 또 내외부모가 따로 계신 곳은 함께 계실 수 있도록 합장^合

葬을 해드리면서, 비석과 둘레석도 새로 해드렸다.

삶의 근본이 되는 유학의 이념에 따라 조상에 대한 효를 충실하게 실천해 온 것이다. 조상을 잘 모시면 그 은덕이 다 누구에게 가겠는가? 결국, 자손이 잘되게 되어있으니 조상 모시기에 한시라도 소홀함이 있어서는 안 될 것이다.

이제 나이가 들어보니 나 역시 그렇게 조상을 모셔왔기 때문에 조상의 은혜를 받아 그동안 CEO로 활동하며 국가의 유능한 인력이 되었고, 신병으로 생사의 갈림길에서 다시 일어나 지금껏 건강하게 활동할 수 있다고 생각한다. 그래서 요즘은 고향에 내려가거나 시간이 날 때마다, 조상의 묘소를 찾아 자손의 예를 올리는 것에 더 많은 정성을 쏟고자 노력하고 있다. 많은 후손이 조상을 모시는 데 있어, 진심을 갖기 바란다.

칠갑문화. 2015.10

숭조崇祖하며 자손 사랑

   요즘은 맞벌이하는 젊은 부부의 비율이 늘어나면서 아이 돌보는 문제가 사회적으로 중요한 쟁점이다. 더불어 손주를 돌보는 조부모의 비율도 늘어나고 있다. 이마저도 여의치 않은 경우 돌도 되지 않은 갓난아이를 어린이집에 맡겨 보육하는 경우도 많다고 하니, 젊은 부부에게 아이를 낳고 키우는 일은 내 집 마련만큼 어렵고 힘든 일이 되었다. 그래서인지 통계청에서 발표한 2016년 우리나라 합계 출산율은 1.17명이다. 이는 전 세계 비율로 보아도 최저수준이라고 한다. 현재의 출산율이 지속된다면 대한민국은 국력이 감소해 국가위기에 직면할 수 있다. 과거에는 7~8명까지도 아이를 낳았지만, 지금은 아이도 많이 낳지 않는 사회이니 국가의 발전을 위해서도 두 명 이상은 낳기를 권하고 싶다.

   어릴 때 친하게 지냈던 고향 친구가 몇 년 전 작고했다. 나는 그 친구의 집 뒤에 있는 선대 묘역에 함께 매장될 거라 생각했다. 그런데 화장을 하고 집 뒷산에 묘지를 만들어 모셨다는 얘기를 듣고서 지방에서도 화장이 늘어난 모습에 놀라웠다. 선산 아래 묘지가 있는데 굳이 화장을 하다니.

법률의 변화, 종교 관계나 매장 문화의 변천, 장지의 마련, 묘지의 사후관리, 제례 등에 따라 한국의 매장문화는 변화되고 있다. 과거엔 장남이 장례와 제사를 지내왔지만 이젠 평등하게 자손들에게 상속하라는 법률이 생겨나면서 사람들의 인식이 바뀌었다. 장자에게만 책임을 맡겨도 특별한 대우를 해주는 게 없기 때문이다. 제례나 장례의 경우 남자 위주로 장례를 치르는 것이 풍습이다. 아들 없이 딸만 있는 경우 딸이 출가하게 되면 친정 부모나 조상을 모시는 일이 어렵다. 또한 독자인 경우나 후손이 없는 경우, 결혼을 하지 않았을 경우에도 묘지를 관리하기가 어렵다. 매장을 위한 묘지 문제와 해외 이주를 했을 경우에도 마찬가지이다. 이외에도 자손이 가난하거나 자녀가 없는 경우 장례방식으로 매장보단 화장 문화를 선호한다. 매장된 묘가 먼 훗날 어떤 이유로든 관리되지 않아도 사자死者는 말이 없기 때문이다.

　그리고 매장을 하게 되면 후손들이 성묘와 벌초, 상석이나 묘비 등 부수적으로 해야 할 것들이 이만저만이 아니다. 무덤에 둘레석을 하거나 상석, 석물, 제단을 꾸리고 조상의 시향을 올리게 된다. 농경시대에는 선대에서 내려온 종토를 유지 관리했다. 오래된 산소의 내외간 묘지가 따로 계신 경우엔 합분合墳을 하고 매년 제사를 지내며 축문을 읽어야 한다. 나 또한 초등학교를 마치고 중학교에 진학하기 전 천자문을 배우면서 지방紙榜과 축문을 썼던 기억이 있다.

　나는 조상을 위하는 마음으로 성묘를 자주한다. 윗대 조상들의 묘소는 시향 때 후손들끼리 모여 제사를 올리고 있다. 성묘를 가보면 해가 지남에 따라 묘지 봉분이 허물어지고 벌초관리가 제대로 되지 않아 잡초가 무성하고 잡목이 자생한 경우가 있다. 묘지를 깨끗이 보존하는 것이 자손들의 도리라고 생각한다. 묘가 오래되어 손상을 입는 경우를 봐오면서 나는 선친을 비롯해 총 열분 묘의 둘레석을 해 올렸다. 또한 윗대 할아버지와 할머니 묘소가 떨어져 있음을 알고 4분의 할머니 묘소를 각 할아버지 묘소로 합분해드렸다. 그리고 비석을 여러 군데 세우면서 문중의 안녕과 번창을 조상께 바라고 있다. 이번엔 문중의 우수한 학생에게 장학금을 수여하고, 뛰어난 공로를 세우신 종친께는 의곡상義谷賞을 수여해 문중의 명분을 이어가길 바라고 있다.

　많은 사람들이 조상을 위하고 자손을 사랑하는 훈훈한 가족문화를 이어가주었으면 하는 바람이다. 어른들이 자손을 가르쳐야 한다. 설날이나 추석 때 온 가족이 모여 성묘나 벌초, 제사를 지내야 한다. 명절 때 찾아뵙고 시간이 날 때 조상을 모시고 돌보는 것이 한국인으로서 전통을 지켜 나가는 미덕이라고 생각한다. 어른과 조상을 위하고 자식을 사랑하는 모습이 사라지지 않고 계속 유지되길 바라는 마음이다. 나는 조상을 잘 모시면 자손들이 편안하다고 믿는다. 조상의 음덕이 자손을 번창하게 한다.

칠갑문화. 2017.10

모든 가정의 아이들이 화기애애한 덕목으로,
아버지의 교훈으로 키워졌으면 좋겠다.

- 「아버지의 교훈」 중에서

4부

배우고

덕수고 100년

지난 4월 13일은 덕수고가 개교한 지 100년이 되는 날이다.

1895년 현채玄采가 개설한 을미의숙乙未義塾이 학생 100여 명, 교원 10여 명의 수하동 보통학교로 발전되고 11년 뒤, 이 학교 부설로 수하동(종로와 을지로의 중심가)에 공립 수하동실업보수학교가 설립된 것이 덕수고등학교의 근간이 되었고 지난 4월 드디어 100주년을 맞이한 것이다.

초대 교장은 정윤원鄭崙源 선생님이시다. 당시 조선총독부 자료를 보면 수업연한 1년, 학급 수 1개로 정원 50명이 전부 조선인이었다. 졸업생 30명 중 양반은 3명, 상민 27명이었다니 서민들의 학교였던 셈이다. 학교 운영비는 국가 보조로 충당되었으며 교과서도 학부의 검정을 받은 것이 보급되었다. 조선총독부에 의하면 수하동 보통학교에 364원, 수하동 실업보습학교에 161원이 지급되었다. 5기까지 144명이 졸업하였는데 이들의 85%인 123명이 상민常民으로 구성되었다고 한다.

일제강점기 동안 학교는 매동학교와의 통합과 학교의 이전, 학교장 교체 등 여러 가지 변화가 있었으며, 학제 변화에 따라 학생들의 실력이 향상되어 갔다. 낮에는 직장, 야간에는 학교 이른바 주경야독하는 학생들의 실력이 향상되면서 사회적으로 인정을 받는 학교로 발전해갔다.

일제강점기에 개교한 후 학교의 명칭부터 학교 운영체제까지 많은 변화를 겪으면서 일본의 패망을 맞았다. 광복 후 학교에 큰 변화가 오기 시작한 것은 정욱鄭旭 교장선생님을 맞으면서다.

"덕수공립상업중학교"

1937년 학교명이 경성덕수공립상업학교로 바뀌어 수업연한 3년, 학급 수 각 학년 2개씩 6학급으로 바뀌면서 덕수라는 교명을 갖게 되었다.

1910년 실업보수학교로 시작한 수하동 학교는 몹시 허술하고 미비한 체제로 36년 간을 전전하다가 조국 광복과 함께 발전적인 계기를 맞았지만, 특히 학교 발전을 위한 역량있는 교육자가 덕수학교장으로 부임한 결과가 매우 컸다.

정욱 교장선생님은 상업교육의 중요성과 필요성을 강조해가며 당시 미 군정청을 끈질기게 설득해 마침내 독립 교사校舍인 덕수의 을지로 6가 건물을 승인 받았다. 1947년 5월 문교부는 학교명을 덕수공립상업중학교 주야간 6년 제, 각 학년 2학급으로 바꾸어 1,440명의 정원을 갖춘 학교체제가 되었다. 학교로서의 면모가 처음으로 갖춰진 것이다. 이때부터 덕수는 행당동으로 옮겨가기까지 30여 년간 금융인, 경제인을 길러내며 화려한 동대문 시대를 펼쳐왔다.

정욱 교장선생님은 세브란스 의전에서 10년, 양정의숙(양정학교)에서 25년을 근무했다. 덕수에서 10년 2개월로 정년퇴직 시까지 덕수고를 을지로 6가 18

번지 전차종점으로 옮기셨고 야간과 주간을 병설하여 학급 수를 증설시키셨다. 6·25 당시 혼란한 사회적 이념 대립 상황에서 교사들의 갈등을 인격과 덕망으로 포용하면서 오직 덕수만을 위한 교풍확립을 위해 지대한 공로를 세우신 분이다.

어려서 서울로 진학을 하며 은행원이 되는 것이 꿈이었던 나는, 6·25 전에 선택한 곳이 바로 덕수중학교였다. 그 당시는 덕수중학(6년제)만 졸업하면 은행원은 따놓은 당상이었던 시절이었다. 그때 나는 풍만한 체구와 수염때문에 카이제르란 별명을 가진 정욱 교장선생님의 훈화를 잘 새겨들었었다.

6·25 동란으로 고향에 내려가서 학업을 계속하다가 휴전이 되던 그 해 가을에 덕수상업고등학교로 복교하였다. 전쟁을 치른 후 정욱 교장선생님의 조회 훈시는 엄격해서 당시에는 같은 말씀을 빨리 끝내주시기를 바랬다. 내가 기업가가 되어 많은 종업원을 거느리다 보니 정욱 교장선생님의 교훈이 떠오르곤 한다. 교육이란 한 번 말한 것으로 다 이루어지는 것이 아니라 반복적으로 지속적으로 행해야 성과가 있음을 알게 된 것이다.

내가 덕수고에서 정욱 교장선생님의 교육을 받은 덕분으로 오늘날 CEO로 인정을 받는 기업인이 되었으니, 모교에 대한 사랑은 누구보다 깊다고 하겠다. 내가 총동창회장을 맡았을 때가 개교 80주년이어서 개교기념식과 80주년사를 발행하는 등 바쁘게 일하던 중에도, 정욱 교장선생님 묘소를 참배한 것과 당대 한국명필가 일중 김충현 선생으로부터 '홍익인간弘益人間'이란 글씨를 받아 덕수 교장실에 기증한 일이 있다. 또한 80주년이 끝나고 정욱 교장선생님 시절의 제자들로부터 흉상 건립기금을 염출받아 지금의 행당동 교사 입구에 세웠다. 나는 매년 졸업식과 입학식에 참여하는데, 이때 동창회는 흉상 앞에 헌화를 하고 참배를 함으로써 명문학교의 전통을 보여주고 있다.

덕수고가 우수한 인재를 배출한 것은 뒤에서 논하겠지만, 덕수 100년사를 보면 1930년대 은행 취업성적이 좋았고 그 원인은 주산경쟁에서 실력이 높았다고 하는 바 광복 후에도 은행이 계수관리가 높은 인력을 채용해 주는 주산대회가 많았다. 이 때에 우승기는 매년 덕수 차지였다. 60년대에는 국가대표 배구 선수를 배양하여 좋은 성적을 올렸으며, 70년대에 주산대회가 사라지고 컴퓨터가 보급될 무렵 덕수상고는 컴퓨터에서도 앞서는 학교가 되었다. 이 무렵 학교는 학교 이름을 알리고 싶었고 졸업생들도 야구부 신설을 희망하였다. 이때 대한교과서를 경영하는 김광수 회장의 출연으로 야구부가 탄생하여 이제는 야구부 5대 명문고로 성장하였다. 덕수고 야구는 졸업생들의 모금과 열정으로 성장해가고 있다.

정욱 교장선생님 퇴임 뒤 서정권, 원홍균, 김치은, 이창갑, 이성조, 오경민 교장 같은 유력한 교육자들이 덕수의 교장으로 계셨다.

덕수는 1947년에 을지로 6가에서 30년을 보내고 이후 교사를 (전)서울사범대학 교사로 이전하였다. 한양대학교의 길 건너편이었다. 또 밤에 배우는 2부제를 폐지하고 대신 여학생과 공동 학습하는 체제로 바뀌었다.

대한민국을 이끌고 있는 덕수인들

덕수고는 100년 동안 45,000명의 덕수인을 배출해 사회적으로 큰 역할을 해왔다. 이번 100주년을 맞으면서 열의 있는 동문들이 덕수 100년사를 펼쳐냈다.

653장의 100년사는 덕수를 빛낸 동문들의 소식을 전달하고 있는데, 100년사를 편찬한 편집위원들께 감사드리고 싶다. 논어에 인부지이불온人不知而不溫이면 불역군자호아不亦君子乎라 하였듯이 그 수많은 졸업자를 다 거명하기는 어려운 사실이지만 알려진 내용이라도 성실히 소개됐을 것으로 생각한다.

100년 덕수인란을 살펴보면 맨 머리 쪽에 4명의 사진과 함께 기사가 실려있다. 모든 덕수인이 존경하고 동문회를 육성한 분으로 출판계의 거목인 5선 의원이신 김광수 회장, 한국 법조계의 큰바위 이종남 (전)법무부장관 및 (전)감사위원장, 정도경영과 청부낙업사상 유상옥 코리아나 화장품 회장, 덕수 최초의 시중은행장 이백순 신한은행장이 현존하는 동문들의 대표로 선발되었다.

덕수상고는 우리나라의 금융사관학교다. 덕수고 출신의 은행원은 모두 4,500명이 훨씬 넘는 것으로 추계된다. 은행의 꽃으로 불리는 지점장 출신만 2천 명이 넘는다. 성실과 신뢰로 각 은행에서 핵심요원으로 활동하고 있다. 최근엔 신한은행장 이백순(59회)을 비롯하여 김동수(62회) 수출입은행장, 허창기(62회) 제주은행장이 은행권의 정상이 되었으며 고광선(49회) 대영저축은행 회장, 김광진 현대스위스금융그룹 회장이 저축은행 창업을 이룬 이래 신현국(59회) 토마토저축은행장 등이 저축은행계를 대표하고 있다.

산업계는 많은 CEO를 배출하였다. 삼성에서는 장경작(49회)이 조선호텔, 롯데호텔의 대표로 덕수동문회장(21대)을 지냈으며 원종석 등 다수가 있다. LG그룹에는 강길원(45회), 정장호(47회), 김광영(49회), 정광수(49회,19~20대 덕수총동창회장), 롯데의 이종원(51회,롯데칠성음료 대표이사), SK의 유경우(61회, 강원도시가스 사장), 은돈표(45회,SK에너지 부사장) 외에도 대우, 두산, 대림산업, 한진, 한화, 진로에 많은 덕수인이 활약을 하고 있다.

외국계 법인으로는 BMW의 김효준 사장(63회), IBM의 이휘성 사장(66회), 중소기업기술정보진흥원장에 박창교(61회)가 있다. 벤처기업, 중소기업으로 성공한 덕수인은 수 천명에 달한다. 오준문(42회)은 현대에서 오래 근무하고 퇴직 후에 차량부품을 개발하여 큰 성공을 하였고 이종상(43회)은 인쇄업을 국내에서 제일 크게 경영하며 최근에는 화학분야에 새로운 개발을 추진하고 있다.

덕수는 상업학교라서 정계진출이 미약하다. 김광수, 정정훈, 곽정현, 이연석 의원, 김종래(46회) (전)군수, 황교선(47회) (전)고양시장, 이종익(49회) (전)군수, 송진선 56회 (전)시장이 배출되었다.

행정분야에 진출한 동문도 많다. 환경청장을 지낸 박판재(48회) 동문은 공인회계사와 행정고시에 합격하고 재무관료로 활동하다가 환경청장으로 일하였으며 퇴직 후에 디자인 교육에 힘써 왔다.

22~23대 덕수동문회장으로 덕수 100년사의 모든 행사를 맡아 완벽하게 잘 치뤄낸 사람이 김상열(54회) 현 회장이다. 80년사를 감당하였던 나의 경험으로 현직회장의 노고와 일을 끌어가는데 발휘한 역량을 지켜보았다.

김상열 회장은 훤칠한 외모에 넉넉한 풍채, 겉으로 보는 인상만으로도 후덕함과 역량을 짐작케한다. 정통 관료출신으로 과천청사에 근무할 때는 덕수 동문의 맏형이었다. 국내외에서 박사학위까지 받고 상공행정을 두루 거친 다음 은퇴 후 상공회의소 상근 부회장을 맡던 중에 덕수의 100년사를 진두지휘한 분으로 평가되고 있다.

법조계는 42회인 권종근 동문의 시작으로 이종남(45회), 편호범(58회) 前감사위원, 민병일(60회), 조재연(62회) 변호사, 반장식(61회) 청와대 실장, 허용석(63회) 23대 관세청장, 박동수(54회, 판사), 오상현(60회, 판사), 김용문(61회, 판사), 이혁우(64회, 부장판사), 검찰 쪽에 49회 김용학, 김영범(60회), 송민호(62회) 허익범(64회) 등 많은 분이 활동중이다.

7~8대 총동창회장을 지낸 육사 8기 전준철(31회) 이후 이용린(44회, 장군)이 준장으로 예편하였고, 오창환(61회, 공사25기 중장)의 앞날을 기대하는 동문들이 많다. 이재익(65회, 육서, 37준장)에 대한 관심도 많다.

덕수상고 졸업 후 많은 사람이 경영계열로 진학한 결과 경영학에서 국가고시에 합격하여야 장래가 보장된다는 견지에서 공인회계사 시험에 도전한다. 필자가 공인회계사 시험에 합격하여 등록할 때에는 등록번호가 100여 번이었지만 지금은 회계사와 세무사의 등록번호가 많아졌다.

언론계의 쌍두마차로 허남진(58회)은 중앙일보 논설주간으로 편집국과 논설위원실을 모두 관리하고 있다. 홍준호 63회 조선일보 편집국장은 기자 때부터 자질을 인정받아 워싱턴 지사장을 지내는 등 편집국의 꽃으로 불리는 편집국장의 길에서 지도력을 갖추고 있으며 허주간은 고려대와 미국 미주리대와 하버드대에서 연수 받은 능력이 인증되며 이번 '덕수 100년사' 편집인으로서 큰 업적을 올렸다. 언론계에 현영진은 나와 동기로 언론사에 입사하여 중앙경제신문 사장을 역임하였다.

언론계와 가까운 광고 분야를 개발한 사람은 김명하(46회) 동문이다. 학업능력과 광고업에 월등한 실력으로 활동하고 현재 고대 경제인회장으로 활약하고 있다.

교육계에 진출한 동문은 100여 명에 이른다. 얼마전 작고한 29회 송민호 교수는 고려대에서 알려진 교수로 지내셨으며, 46회 지청 교수도 고대에서 평생을 보낸 명교수이다. 43회 송용섭은 중앙대 교수를 끝내고 마케팅학회의 일에 열중한 분이다.

44회 신응배 교수, 45회 박명석 교수는 한국외대 교수, 같은 기의 장석우 교수는 인천대학교수, 경영학 계열에 46회 송성진, 49회 민승기, 51회 양훈모 성균관대 교수, 54회 조경도와 백대기 교수, 57회 백평선은 연세대 출신으로 동대학의 학장을 지내셨다. 그 많은 교수님은 소개를 줄인다. 한편 작고하신 분도 여러분 계시다. 21회로 왜정 때 덕수에서 공부하신 서정권 선배님은 덕수교장을 지내셨고 작고하셨을 때, 나는 동창회장으로서 문상을 드린바 있으며 50회 김영학 (전)서초고교장은 자주 뵈온 분이다.

그 밖에 교장을 지내신 분이 많으신데 내가 고교 재학시절 기하를 가르쳐주신 홍성태(36회) 선생은 벌써 작고하셨고 나의 동기생 중 덕수에서 퇴직한 이종대 선생과 임한배, 신홍중, 박찬욱 등 더 많은 덕수인들이 교직에 재직중이다.

예술계 인물을 소개하는 부분이 있다. 필자는 예술인이라 생각한 바가 없는데도 유상옥은 기업가로서 성공한 대표적 동문이며 수필가로서의 활동도 왕성하다라고 소개됐다. 수필집 5권을 출판하였으며 일붕문학상, 한국수필문학상, 충청문학상을 수상했다.

서예가 맹성재(44회)의 호는 진여眞如로 현재 발행하고 있는 '덕수동창회보'의 제호를 써주었다.

덕수인의 활동은 동기별, 지역별, 진학한 대학별, 사회에서 활동한 직장별, 모임이 왕성하고 취미활동으로 오래 전 시작된 덕수 골프대회는 총동창회(7~8대) 회장이셨던 전준철 뉴코리아 사장의 덕분으로 매월 진행되었고 근래에는 바둑대회, 등산대회가 왕성해져서 100주년 기념 등산대회에는 1,500명이 참가하였다.

각종 모교행사에 동문들의 참여율이 높고 연 4회 덕수동창회보가 성실히 발행되고 있다.

20년 전인 지난 1990년에 80년사와 장한 덕수인상 시상, 덕수인의 밤 등으로 치뤄진 덕수 개교 80주년 행사로 조직이 강화되고 친목이 두터워지는 등 덕수동창회는 발전기에 들어섰다.

덕수는 공립학교임에도 장학금 수여가 오래되었다. 초대 동창회장이셨던 김홍복 선배때부터 동문들이 출연한 장학금을 나누었다. 2003년대에 3억 여원을 모아 장학재단을 설립하고 필자가 재단이사장을 맡은 지 여러 해가 되었다. 올 100주년 행사 때 거출한 기금 중에 김광진(63회) 현대스위스금융그룹 회장의 5억원 출연으로 11억에서 16억으로 증가하였으며 매년 5,000만원의 장학금이 지출되고 있다.

지금껏 살펴본 것처럼 덕수고는 100년의 역사를 거치는 동안 변화를 거듭하며 발전해왔다. 덕수고가 발전하는 동안 학교에는 야구장이 설치되고, 야구 선수들의 합숙소가 마련되었다. 지금 학교에는 덕수관과 역사관이 마련되어 있으며, 교정입구에는 정욱 교장선생님의 흉상과 덕수 100년을 기리는 기념탑이 세워져 있다. 기념탑은 2007년 말에 석조각가 한창조 선생의 입체조각 작품으로 '백년 다진 덕수, 천년 빛낼 덕수'가 새겨져 있다. 덕수고가 오래오래 발전을 거듭해 대한민국을 이끌기 바란다.

공간수필. 2010,07

국난 시절의 교육과정

요새는 한국의 사회환경이 안정되어 있기 때문에 어려서는 유치원, 초등학교, 중학교, 고등학교를 거쳐 대학교까지 체계화된 교육과정을 밟게 됩니다. 그러나 내가 어렸을 때는 사회적인 변화가 많았을 때여서 교육과정이 지금과 다소 차이가 있었습니다. 내가 나서 자랄 때는 일제강점기였고 그 후에 해방이 되면서 학교제도가 조금씩 달라졌고 6·25전쟁이 일어나면서 교육과정은 또 한 번 변화를 겪게 되었습니다. 그 당시 시골에는 중학교로 진학하기보다는 한문공부를 하기도 하였습니다. 지금 교육을 받는 사람들은 조금 이해하기 어려울지도 모릅니다. 그때 이야기를 해볼까 합니다.

나는 청양중학교와 고등학교를 다녔고 덕수상고를 다닌 것이 기본적인 교육과정이었습니다. 청양에서 학교를 나중에 다니긴 했지만 처음에는 서울의 '덕수공립상업중학교'라고 하는 6년제 학교에 입학해서 6·25전쟁 전까지 그 학교를 다녔습니다. 그때 우리나라 경제는 매우 취약하여서 대도시가 아닌 지방에서는 중학교가 흔치 않았고, 대도시로 유학을 한다는 것도 어려웠던 시절이었습니다. 상업중학교에 입학한 까닭은 첫째, 도시에서 공부해야 한다는 것과 둘째, 학교를 졸업하면 은행 같은 좋은 직장에 다닐 수 있다고 들었기 때문이었습니다. 당시 외삼촌이 은행의 간부셨는데, 어머니가 서울 외삼촌댁에 가보니 아주 윤택한 생활을 하시는 것을 보시고 우리집도 서울에서 살았으면 좋겠다고 하셨답니다. 자식을 은행에 보내기 위해서 공부를 시켜야겠다고 생각을 하시고 집에 돌아와서 저더러 서울 가서 공부하라고 강력하게 말씀하셨습니다. 그리하여 저는 시골에서 한문공부를 하다가 서울로 유학을 오게 되었습니다.

서울에 있는 삼촌댁에 머물면서 공부를 했는데 그때 처음에는 삼판통(지금의 후암동)에서 중학교를 다니기 시작했습니다. 그 후에 삼촌댁이 돈암동으로 이사를 해서 돈암동에서 살다가 6·25전쟁이 일어났습니다. 다음 날 돈암동에서 전차 종점 있는 곳으로 나가보니 의정부 쪽에서 내려오는 피난민들이 많았습니다. 그것을 보고 삼촌댁으로 돌아와서 아무래도 시골로 가서 좀 기다려야 할 거 같다는 생각이 들어 가방을 싸 짊어지고 비가 약간 오는 날 노량진까지 전차를 타고 갔습니다. 노량진에서는 걸어서 안양까지 갔습니다. 그런데 그날 9시까지 통행 금지가 되서 안양역에 들어가 있으니 조금 있다 기차 한대가 오더군요. 불도 켜지 않은 채 기차에 올라탔습니다. 그 기차가 그때는 완행열차라서 천천히 내려가서 아침에 천안에 도착하여 충남선으로 갈아타고 예산에 내렸습니다. 예산역만해도 그때는 전쟁이 일어난 지도 모르고 차표를 안 사가지고 왔다고 역원이 한 소리 하더군요. 그렇게 해서 고향인 청양에 내려갔습니다. 전쟁이 끝나 다시 서울로 올라가기까지 그동안 어려움이 있었습니다. 시골에서 농사짓는 것을 거들고 있었습니다. 9·28에 맥아더 장군이 인천상륙작전을 펼쳐서 서울이

복원되었습니다. 그리하여 가을에 서울로 복교를 했는데 중공군이 쳐내려왔습니다. 그래서 서울에서 공부를 계속하기가 어려워서 또다시 청양으로 내려왔습니다. 그리고 중공군과 이북군이 합동으로 전쟁을 했고 우리는 미국을 비롯한 참전 16개국 군대와 한국군이 대응을 해서 전쟁이 길어졌습니다. 그때 집에서 농사일을 거들면서 전쟁이 끝나기를 기다렸는데 금방 끝나지 않아서 청양중학교에 등록을 하고 통학을 했습니다. 그래도 전쟁이 끝나지 않아 고등학교에 진학을 하였고 고등학교 2학년때 7·27 휴전이 되었습니다. 그래서 청양에서 중학교를 졸업하고 고등학교에 진학해서 다니다가 휴전이 되면서 서울로 다시 올라오게 되었습니다. 서울로 올라와서는 제가 덕수상업고등학교로 복교를 했습니다. 그런데 그때에 어려운 농촌 사람이 도시에서 공부를 한다고 하는 것이 쉽지 않았습니다. 작은 방을 얻어서 자취생활을 하면서 공부를 했습니다. 그때 학교를 청양중학교, 청양고등학교, 덕수상업고등학교 이렇게 3군데를 거쳐서 기본 교육과정을 마쳤습니다.

 제가 태어난 청양군 대치면 상갑리, 소위 청양 가파라고 하는 곳에서 중고등학교까지 가는 데는 10km가 넘는 거리였습니다. 이 거리를 전부 걸어서 통학하였습니다. 그때 나는 아주 학교 공부가 재미있었습니다. 등하굣길을 그냥 다니지 않고 책을 읽으며 다녔습니다. 그래서 농소리에서는 학교 왔다 갔다 하면서 책 읽는 학생이 하나 있다는 소문이 났을 정도였습니다. 그때 한참 자랄 때니까 배가 고파서 주변에 있는 과일도 더러 따먹기도 했고 어느 집에서는 말리고 있던 곶감을 친구들이 빼다가 나눠 먹기도 하였습니다.

 중학교 때는 반에서 2등을 했습니다. 왜 2등인가 했더니 공부하여 점수를 따는 과목은 잘 쳤는데 실기로 점수를 따는 음악 과목을 시험도 없이 60점을 받아서 임승룡 군에 밀렸던 것이었습니다. 그 친구는 당시 반장이었는데 90점대를 받아서 1등을 하였습니다.

그 후 고등학교에 진학해서는 내가 좋은 성적을 내고 있지만 어느 정도인지는 모르고 있었습니다. 한 번은 백낙건 교장선생님이 조회에서 작년에 전교에서 유상옥 군이 1등을 해서 잘했으니, 앞으로 여러분들도 유상옥같이 공부를 잘 했으면 좋겠다는 말씀을 하셨습니다. 그때 '아, 내가 성적이 좋았었구나.' 하는 생각을 했습니다. 그래서 더욱 자부심을 가지고 열심히 공부를 하였습니다.

그리고 휴전이 되면서 서울로 복교를 했는데 당시 고2때 입니다. 어떻게 하여야 내가 아버지에게 피해를 덜 끼치면서 공부를 할까 연구를 해보니 어딘가 직장을 얻어야겠다는 생각이 들었습니다. 그런 중에 우리 외숙께서 신문보급소를 하면 어떻겠냐고 제안하셔서 당시 서울신문사 태평보급소 소장이 되었습니다. 아주 행복한 직장을 가지게 되었습니다. 그때 휴전 후라서 서울의 인구가 많지 않아 독자가 겨우 100명밖에 안됐습니다. 그 100부를 배달을 하고 독자를 늘리기 시작 해서 200부, 300부, 400부, 500부 이렇게 차차 독자를 늘려나갔습니다. 한 학생이 100부 정도를 배달시키느라 주위의 아는 사람들을 모두 신문 배달원으로 채용을 했습니다. 신문보급소에 나가서 일을 하기 때문에 당시의 담임 선생님께서 종례는 하지 말고 신문사 가서 일을 빨리 하라고 배려해주셔서 수업이 끝나면 바로 을지로 6가에서 태평로에 있는 신문사로 갔었습니다. 태평로 1, 2가, 소공동, 무교동, 다동, 북창동, 서소문동, 정동 여기가 내 구역이었습니다. 소공동 쪽으로 신문을 배달하느라고 빨리 뛰어다니다 보면 우리반 아이들을 만나기도 하였습니다. 미도파 앞에 전차를 내려서 남대문 도서관에 찾아가기도 했고, 내가 신문을 다 돌리고 북창동에 있는 초량 영수학원에 가면 우리 반 친구들도 거기에서 만나곤 했습니다. 매일 일도 하고 공부도 하는 생활을 하였습니다.

그 무렵엔 고등학교를 졸업하고 은행에 들어간 친구들이 많았습니다. 그때 당시는 은행원들을 상업학교에서 많이 뽑았고, 특히 덕수상고는 이름난 학교여서 취직이 잘 됐던 편입니다. 그런데 그때 나는 은행에 갈 생각은 안하고 대학에 진학하기로 하였습니다. 대학을 나와야 간부까지 갈 수 있지 않나 하는 생각으로 고려대학교에 입학하였습니다. 대학 졸업 후 은행에 가려고 했지만 그때는 은행에서 대학졸업자를 많이 뽑지 않고 겨우 일년에 열명 정도만 뽑았습니다. 학교에서 산업은행에 추천을 받았지만 경쟁이 심해서 실패를 하고 어디 취직할까 하던 참에 동아제약이라는 회사에서 사원채용 공고가 나왔습니다. 제가 마침 생활 근거지도 동아제약 근처여서 채용시험에 응시하였고, 합격하여서 회사원으로 일하기 시작하였습니다.

그런데 그 신문보급소 운영을 할 때 이야기를 좀 더 해보면, 내가 100군데 정도는 혼자 배달을 하고, 마을에서 신문 안 보는 집들에게 구독 요청을 해서 부수를 늘려갔습니다. 독자를 늘려 200부, 300부, 400부 되는 동안에 될 수 있으면 빨리 신문을 독자에게 배달해줘야 하기 때문에 학생들을 채용해서 보급을 했습니다. 이들 중에는 우리 반 학생들도 있었고 우리 삼형제 중에 동생도 있었습니다. 가운데 동생이 서울에 올라와서 중학교에 입학을 했습니다. 이 동생이 하루는 저도 신문 배달을 해보고 싶다고 합니다. 어린 동생이 신문 배달을 하겠다니 신통하였습니다. 할 수 있겠냐고 물으니 해보겠다고 하여 한 구역의 구독자를 나누어 줬더니 잘하였습니다. 그 다음에 나는 대학에 진학하게 되니 부수가 늘고 동생이 중2, 중3으로 올라가면서 자기 친구들을 동원하여 신문 배달을 하여서 보급소 운영을 잘 해나갔습니다. 그래서 신문보급소를 운영하면서 중·고등학교를 마치게 됐습니다.

저는 중학교 입학하는 것이 다른 친구들보다 조금 늦었습니다. 제가 한문 공부를 한 원인도 있고 중학교가 있는 도시로 나가려면 경제적인 문제가 있기도 했습니다. 당시 우리 할아버지께서는 내가 살던 마을 상갑리에 갑명사숙甲明私塾이라는 한문학교에 계셨습니다. 내가 자라서 보니 조부께서 갑명사숙을 만드는데 주도적인 역할을 하셨습니다. 마을 사람들이 전부 자금을 염출해서 갑명사숙이라고 하는 교육기관을 세웠고 할아버지께서는 서문을 쓰셔서 학칙을 만드셨습니다. 학칙을 만드시고 훈장이 되셔서 교육가의 역할을 하셨습니다. 농촌에서 농사는 안 하시고 훈장으로서 교육을 전담하셨습니다.

우리 집안은 증조할아버지가 농업에 열정을 가지고 농가를 부흥시키셨습니다. 이분은 아들이 4형제였는데 모두 분가시켜서 살게 하고 본인은 열심히 농사를 지어서 장남인 우리 할아버지가 사숙의 숙장을 하시도록 만드셨습니다. 조부님은 건강이 안 좋아지셔서 작고하셨지만 우리 집은 학문을 하는 집안으로 알려져 있습니다. 그래서 제가 초등학교를 졸업하고 나니 아버님이 너는 중학교 가기는 좀 어려우니 한문공부를 하라고 하셨습니다. 당시 마을에서 최선생이라고 약방을 경영하는 나이 드신 분이 계셨는데 그분께 가서 공부를 하라고 하셔서 최약방으로 천자문을 배우러 다녔습니다.

외마루라고 하는 동네에 나보다 한 살 많은 최병수란 친구가 있었습니다. 한 한문공부는 병수하고 같이 다녔습니다. 그런데 최선생님이 연세도 드셨지만 아주 깐깐한 선생님셨습니다. 한문을 가르쳐주신 후에는 '네가 오늘 배운 것을 집에 가서 놀기만 하지 말고 익혀서 내일 아침에 나에게 와서 그것을 외워야 또 가르쳐준다. 그러니까 꼭 배운 것을 암송을 해야 한다'고 규칙을 정해주셨습니다. 그리하여 나는 한문공부를 하고 와서는 동네 아이들하고 놀다가 복습을 하고 그 다음날 또 한문공부를 하러 병수랑 같이 갔습니다. 그런데 저는 어제 배운 것을 책 덮어 놓고 줄줄 외울 수가 있었고 병수는 어제 배운 것을 읽기는 하지만 다 외우지 못해서 담뱃대로 머리를 맞고 혼이 났습니다. '병수 너는 어제 배운 것을 오늘 다시 해라. 왜 읽지도 않고 공부도 안했어' 하며 혼나고 저는 새로운 것을 배우던 기억이 있습니다.

최 선생님께 배우다가 농소리라는 아랫동네에 서당이 하나 생겼습니다. 거기에는 최욱환 씨라는 분이 선생으로 계셨는데 그분의 서당에 가서 명심보감과 통감, 그리고 소학까지를 배웠습니다. 그리고 우리 마을의 이의식 선생이 한학을 많이 하셔서 그분께 대학과 맹자 7권을 배웠습니다. 그런데 이의식 선생님은 마침 우리 할아버지의 수제자이셨습니다. 그러니까 나는 할아버지의 제자에게 공부를 한 셈입니다. 할아버지는 독립운동 하신 이칙 선생께 배우셨고, 이칙 선생은 면암 최익현 선생한테 공부도 하시고 독립운동도 하셨습니다. 그때 마침 어머니가 서울을 다녀오시더니 나를 부르셔서 '한문공부도 좋지만 그 공부만 해서는 큰사람이 될 수가 없으니 신학문을 하여야 한다. 그러니까 중학교를 가라'고 하셔서 제가 덕수중학교로 입학을 하게 된 것입니다.

어렸을 때의 공부하던 분위기와 달리 지금은 우리나라가 경제대국으로 성장을 해서 교육환경이 많이 좋아졌습니다. 요즘은 그때 다니던 초등학교도 학생들이 없어서 폐교가 되었습니다. 사회가 경제적으로 발전을 하니 모두 이농을 해서 마을에 청년들이 적습니다. 청양의 교육기관은 그래도 청양고등학교가 유지되어 다행입니다만 학생들이 예전만큼 많지 않아서 진학하는 학생이 많아졌으면 하는 행정기관의 이야기도 들려오고 있습니다. 생활환경의 변화와 더불어 자녀교육에 대한 인식도 많이 달라졌습니다. 새로 증축된 청양고교에 마로니에, 반송 등 나무를 심어주고 입학 장학금을 주고 있어 보람이 있습니다.

칠갑문화, 2014.09

존경하는 소고小皐 이항녕李恒寧 은사님

고려대에서 민법을 가르치신 소고 이항녕 선생님에 대해 말씀드리겠습니다. 이항녕 선생은 원래 충청도 아산 출생으로 젊어서는 문학을 하시고 나중에 법학 공부를 하셨습니다. 일제때 일찍이 고시에 합격하시고 관에 계셨다가 영남의 군수로 발령받으셔서 두 군데에서 군수를 지내고 해방을 맞이했습니다. 해방이 되고 보니 자기가 왜정시대에 군수라고 하는 역할을 한 것에 대해 잘못된 일이었다고 후회를 하셨답니다. 그래서 국민학교 교사나 할까 했는데 교사 자격증이 없어서 교장으로 발령을 받으셨습니다. 처음에 초등학교 교장을 거쳐 중학교 교장을 하셨습니다. 후에 인재가 귀할 때라 부산의 모 대학의 교수로 가셨습니다. 그 후에 서울로 올라오셔서 고려대학의 민법을 담당하는 교수가 되셨습니다. 그때에 본인이 이항녕 교수님께 민법 수업을 받았는데 그때 얻은 지식으로 지금 나이 들도록 엄청난 도움을 받았습니다.

우스운 이야기를 하나 하면 민법 학점 시험을 볼 때에 나의 시험지를 옆에 앉아있던 친구가 컨닝을 하다가 감독 선생님께 지적을 받고 쫓겨났습니다. 본인은 보여준 것도 아니고 보여줄 생각도 없었는데 옆에 앉은 친구가 보고 베껴썼던 것이 문제가 됐습니다. 그 당시 고려대학교 학과시험 감독은 아주 엄격했기 때문에 보여준 학생도 나가라고 지적을 받았습니다. 그때 시험문제 3문제 중 2문제를 쓰기로 되어있었는데 저는 3문제가 다 아는 문제여서 A학점을 자신했습니다만 두 문제를 반쯤 쓰고 냈기 때문에 A학점을 못 받고 B학점에 그친 적이 있습니다.

그리고 이 교수님은 그 후에 정부의 차관도 잠깐 하시고 나중에 홍익대학의 총장도 지내셨습니다. 그리고 연세가 드시면서 학계에서는 은퇴하시고 대신 문학 쪽에 취미를 가지시고 특히 충청문학에 관여를 하셔서 수필심사위원을 하셨습니다. 그 당시에 본인도 심사위원 쪽에 관여하여 소고 선생님을 자주 뵙게 되었습니다. 한 번은 선생께 여쭈었습니다. '선생님 사시는 곳이 정릉이시죠?" 아 그렇지.' '그런데 어떻게 소일을 하세요?' 물으니 '나는 차를 타고 종로3가까지 나와서 창경궁을 한바퀴 휘 돌고 나와서 다시 정릉으로 가지. 그러면 운동도 되고 아주 시간 보내기 좋아요.' 이런 말씀을 하셔서 아 연세가 드시면 걷기 운동으로 소일을 하시는구나라고 생각을 하였습니다.

그런데 2000년대 중반쯤 해서 저한테 우편물이 하나 왔습니다. 뜯어보니 소고 선생님이 제 이름으로 삼행시를 지어서 보내셨습니다. 삼행시의 내용은

> 兪兪한 和恭容貌 萬人에 好感주고,
> 相生의 德을 지녀 나보다도 他人생각,
> 玉같이 깨끗한 經營 天下 밝게 하도다

이렇게 좋은 내용을 붓으로 써서 주셨습니다. 그래서 저는 그 글을 가보로 소중하게 간직하고 있었습니다. 최근에 선생님이 저한테 써주신 귀한 글을 그냥 가지고 있는 것 보다 시비를 세우는 것이 좋겠다고 생각하였습니다. 2015년 3월 30일에 시비를 저희 천안공장 식물원에다 세웠습니다. 그 날 본사 직원과 더불어 공장견학차 찾아오신 청양군 고향 여러분과 고대 월례강좌의 운영위원분들이 와주셔서 제막식을 뜻깊게 가진 바 있습니다. 앞으로 공장을 방문하는 사람들이 우리 식물원을 돌면서 소고선생님이 주신 제 이름이 들어간 시비, 회사 설립자의 인품을 헤아린 시비를 보시고 기억을 하시게 될 것입니다. 저로서는 매우 영광스럽고, 한편으로는 송구스럽습니다. 은사님, 감사합니다.

고우경제. 2015.04

아버지의 교훈

며칠 전, 대학의 경제인회 모임의 문회장을 만났다. 그는 선친의 사업을 기반으로 하여 자신의 사업을 활발하게 운영하고 있다. 나는 안부도 물을 겸, 회사의 안부도 함께 물었다. 그 동문은 자기 나름대로 사업의 분야를 다양하게 확장하긴 했지만, 선친께서 초석을 잘 닦아 놓은 덕이라고 겸손하게 대답했다. 얘기가 길어지면서 자연스레 형제들과의 우애에 대해 얘기를 하게 되었다. 2남 3녀 중 장남이라는 그는 아버님 생전에 매주 함께 모여 식사를 할 수 있게 해주신 덕에 형제들 모두가 우애도 좋고 모두 큰 어려움 없이 잘 지내고 있다고 했다. 사업과 형제애 등 모든 것을 아버님의 덕으로 돌리는 동문을 보면서 나는 아버님께서 자식들에게 물려주신 것이 비단 번창한 사업체뿐만 아니라 올바른 마음가짐도 있었다는 것을 알 수 있었다.

현대가의 창업주 고 아산 정주영 회장은 자식에 대한 가정교육으로 유명한 분이다. 아산은 돌아가시기 전까지 매일 가족들과 함께 아침 식사를 함께 하고 출근했다고 한다. 자녀들은 반드시 매일 새벽 아산이 있는 본가로 가서 식사했고, 이때 아산은 이런저런 지난 얘기도 하며 아버지로서 자식들에게 해야 할 이야기를 허물없이 하시고 챙기셨다고 한다.

나 또한 3남 3녀의 장남으로 형제들은 한 달에 한 번씩은 반드시 모인다. 며칠 전 형제모임에서 아버지에 대한 이야기를 나눴다. 저마다 다른 이야기들이 오고 갔지만, 내가 기억하는 아버님은 공부와 더불어 틈틈이 집안일을 거들라고 하셨다. 특히 추수철마다 이삭줍기를 시키셨는데, 이삭을 대충 주우면 크게 야단을 치셨다. 힘들게 지은 농사이니 이삭을 하나라도 더 챙겨야 하지 않느냐며 꼭 골을 따라 가며 꼼꼼하게 주우라고 하셨다. 이때 만든 습관으로 나는 아직도 물건은 항상 가지런히 놓고, 어떤 일이든 꼼꼼하고 철저하게 하려는 경향이 있다. 돌이켜 보니 아버님의 무서웠던 교육은 내 인성을 위한 가르침이었다.

그러나 때때로 아버님은 따뜻한 말 한마디로 전하는 가르침을 주셨다. 막내 아우가 7살 되던 무렵 쥐불놀이를 하다가 축사에 불을 낸 적이 있다. 아우는 혼이 날까 무서워 집 뒤에 있던 묘에 숨었다고 한다. 깜깜한 밤에 묘 뒤에 혼자 있으니 무섭기도 하지만, 나가면 또 아버님께 혼날까 어쩔 줄 몰랐다고 한다. 마침 동생을 찾으러 온 어머니와 함께 집으로 간 동생에게 아버님은 혼을 내는 대신 불은 다 껐으니 걱정하지 말라는 말씀을 하셨다고 한다. 동생은 그때 왜 야단을 안치셨는지 모르겠지만 이후 불장난을 안 하게 된 것을 보면 잘못을 스스로 깨닫고 뉘우치게 하려는 아버님의 교육이 아니었는가 하는 생각이 든다는 얘기를 꺼냈다. 결국, 아버님의 가르침은 우리 형제들이 60~70대가 되도록 무탈하고 우애 좋게 지낼 수 있도록 만들어 주셨다는 생각을 한다.

요새는 아이를 하나 혹은 둘만 낳으니 부모들은 아이들을 애지중지 기른다.

아이의 진학과 취업은 물론 아이의 일거수일투족을 꼼꼼하게 다 챙기고, 심지어 아이들끼리의 싸움까지 참견하는 경우가 빈번하다고 한다. 가령 아이들이 싸우면, 싸움의 동기를 묻고 화해하는 법을 가르치면 좋은데, 전후 상태도 모른 채 상대의 부모를 찾아가 무조건 상대의 잘못으로 돌리다 어른 싸움이 되기도 한다. 자식을 곱게만 기르고 바르게 기르는 데는 소홀한데서 오는 문제인 것이다.

  나는 진정한 자식 사랑은 작은 것에서부터 가르치는 것으로 생각한다. 젓가락질 같은 간단한 식사예절, 사람 사이의 관계와 소통 방법, 삶의 지혜를 전달하는 방법은 그리 어렵지 않다. 부모의 따뜻한 말과 바른 가르침을 통해 아이들은 행동이 바르고 마음씨도 바른 큰 사람, 덕 있는 사람이 될 수 있다. 모범적인 가정에서 좋은 자손들이 나온다는 것을 거울삼아 아이들을 바르게 길러야 바른 사람이 된다는 단순한 진리를 잊지 않았으면 좋겠다. 이것이 결국은 사회를 발전시키고 또 유복하게 만들어가는 첩경이라고 생각한다. 그래서 모든 가정의 아이들이 화기애애한 덕목으로, 아버지의 교훈으로 키워졌으면 좋겠다.

한국수필. 2015.12

고문화古文化 크게 펼치신
혜곡 최순우 관장

국민 1인당 소득이 100불에 못 미쳤던 저소득 국가에서 1,000불로 올라온 때가 40년 전인 1977년이다. 이후 국가의 경제발전정책과 국민의 노력으로 2016년 우리나라 국민 소득은 2만 8천 불로 성장했다. 그 과정에서 경제성장에 매달려 우리 문화에 대한 관심과 보존하려는 노력이 소홀했던 것이 사실이다. 다행히 문화를 지키고 널리 알리고자 노력하신 분들이 있었고, 그 중심이 최순우 전 국립중앙박물관장님이시다.

국민 대부분이 배고프고 힘든 생활을 이어가던 1977년 당시 국립중앙박물관 관장이었던 최순우 선생은 국민에게 전통문화에 대한 교육과 역사에 대한 올바른 인식을 심어주겠다는 결의로 박물관에서 전통문화 특설강좌를 만들었다. 소위 박물관대학이라 불리는 이 특설강좌는 1977년 1기생을 모집하여 4월부터 이듬해 2월까지 매주 4시간씩 교육을 진행했다. 그 당시 강사는 최순우 관장을 비롯해 고미술계에 권위 있는 김원룡, 황수영, 진홍섭 등의 학자들이었다. 이 강좌는 사람들의 폭발적 관심으로 총 164명이 수료했다. 이렇게 시작된 박물관 특설강좌는 2016년 40기를 모집하였고, 개설 이후 총 14,819명의 수료생을 배출하였다.

필자도 최순우 관장의 역작인 박물관 특설 강좌 덕분에 혜택을 받은 수료생이다. 필자가 국립중앙박물관의 특설강좌 연수를 받은 것은 1980년대 초였다. 옛 미술품을 수집하기 시작한 지 10년 즈음에 학문적으로 더 깊게 배우고자 기회를 찾던 중 박물관 특설강좌에 등록하였다. 회사일로 바쁘게 지내던 중에 특설강좌에서 한국의 전통문화를 익히고 현장에서 실물을 구입하니 소양이 점차 좋아졌을 것이다. 필자는 박물관 특설강좌에 제6기로 입학하여 전통문화를 분야별로 수학하였다. 고미술품을 수집하는 데 도움이 되는 유익한 내용을 알게 되니 기뻤다. 한국 미술품의 중요성과 가치와 아름다움에 대한 공부를 제대로 받게 되어 흥이 나고 재미있어 열성적으로 수업에 임했다. 특히, 나는 1,000명이 넘는 6기 수강생의 대표를 맡아 관장님을 자주 뵙고 옛 문화재의 중요성과 관리에 관한 고견을 듣기도 하였다. 나와 수업을 같이 들은 6기 수료생들은 다들 배움에 열정적이어서 수료 후 박물관연구회를 줄인 '박연회'를 만들어, 36년이 지난 지금까지도 다양한 분야의 전문가를 초청하여 매달 두 번씩 강의를 이어가고 있다. 이 강좌는 주로 우리나라의 고미술에 대한 분야별 강의로 미술에 대한 지식, 문화재의 보존 상태, 한국 역사와 전통문화, 동서양 문화사, 서양미술사 등의 내용으로 진행한다. 또한, 학기마다 국내외의 문화유적지도 찾는다.

나는 박물관 특설강좌 수강의 인연으로 문화적 소양을 다지고, 그 인연으로 얻은 박연회를 통해 문화에 대한 식견을 넓히고 있다. 무엇보다도 문화적 지식을 바탕으로 수집한 유물과 미술품으로 박물관과 미술관을 열어 운영하고 있다. 특설강좌를 거쳐간 14,819명의 수료생 중 나처럼 박물관 관장을 하는 사람이 몇이나 될까? 나는 최순우 관장님께서 그리고자 했던 '우리 문화재에 대한 국민의 애정과 관심 유도'라는 큰그림에 한 획이라도 긋는 기회를 얻은 행운의 수혜자라고 생각한다. 박물관 특설강좌를 듣지 않았다면, 선생께서 알려주고자 했던 우리 문화의 깊이와 가치에 대해 자세히 알지 못한 채, 단순한 문화재로 만났을지 모른다. 필자는 강좌를 수료한 이후에도 꾸준히 문화와 박물관에 대한 관심을 갖고, 박물관 후원회원으로 활동하고 있다. 2002년에는 국립중앙박물관회 9대 회장으로 선출되어 박물관 특설강좌 활성화, 소식지 박물관 사람들 발행, 박물관 학술상 제정, 국립중앙박물관 유물 기부 사업 활성화 등을 하며 회원들의 모금운동을 추진할 수 있었다. 나는 이 모든 것이 모두 최순우 관장께서 내가 사회와 문화를 위해 공헌할 수 있도록 지도해주셨다는 생각으로 늘 감사하고 있다.

과거와 달리 우리나라는 국가경제가 10대 강국으로 성장하였고, 역사적인 문화재가 잘 보존되어 세계문화유산으로 등재되었다는 소식을 자주 접한다. 이러한 배경에는 국민의 문화 수준 향상을 위해 지고한 역할을 하신 최순우 관장님의 노고가 크다. 2016년은 고난의 시기를 거쳐 우리나라 전통문화 발전을 위해 평생을 전력하신 최순우 관장님의 탄생 100주년이자, 작고 32주기가 되는 해이다. 나는 국립중앙박물관 운영자문위원의 일원으로 지난 운영회의에서 최순우 관장님의 추모비를 탄생 100주년을 기념하여 건립하여야 한다는 제안을 했다. 국립중앙박물관과 박물관 특설강좌를 운영하는 국립중앙박물관회가 협력하여 관장님의 추모비를 국립중앙박물관의 정원에 세웠으면 좋겠다. 우리 전통문화를 위해 평생 엄청난 수고를 하신 최순우 관장님의 업적이 국립중앙박물관 정원에 세워져서 국립중앙박물관을 찾아온 관람객에게 최순우 관장님께서 품으셨던 뜻과 공헌을 널리 알리는 추모비가 남겨지기 바란다.

혜곡최순우 100주년 기념 서적. 2017.02

진태하陳泰夏 이사장님을 그리워하며

갑자기 유명을 달리하신 진태하陳泰夏 이사장님의 명복을 빕니다. 고인은 이 시대 나라를 진정으로 사랑하는 애국자이자 우리 문화를 지키기 위해 힘써온 위인이셨습니다.

진태하 이사장님은 대학에서 국어 문학 교육에 힘쓰시며 한글과 한자 문화 진흥을 위해 크게 공헌하셨습니다. 특히, 우리 문화와 역사를 잘 알기 위해선 한자 교육이 필수임을 강조하시며, 1970년 공용문서 및 초등학교의 한글 전용정책으로 중단된 한자 문화를 살리기 위해 애쓰셨습니다. 선생께선 우리나라 사람이 영어, 일어 등 외국어를 배우고 사용하면서도 한국 문화의 주축이었던 한자漢字를 사용하지 않음을 안타까워하며 한글과 한자 문화의 재생을 위해 월간지 『한글+漢字문화』를 내시고 한자 교육을 촉구하는 1,000만인 서명운동을 넓게 펼치셨습니다. 선생의 노력에 힘입어 최근에는 한자를 한글과 같이 써야 함을 많은 수의 국민이 인식하고, 한자 교육의 활성화가 이루어지고 있습니다.

저 또한 이사장님의 행보를 응원했던 한 사람으로서 고인의 갑작스러운 부고 소식에 애석하기 그지없습니다. 선생께서 가꾸어 놓은 큰 업적을 영원히 기억할 것입니다. 삼가 고인의 명복을 빕니다.

한글+漢字문화, 2018.04

삶에서 가장 큰 축복은 평소에 좋은 일을 하면서 병과 죽음에 이르지 않는 것으로 생각한다. 그래서 누구나 건강을 중요시하는 것이다.

- 「병후에 건강의 참 맛을 알다」 중에서

5부

기르고

줄탁동시 啐啄同時

일정 기간동안 한 곳에서 공부를 하고 졸업하는 것을 줄탁동시라고 일컬어본다.

노랗게 물든 보송보송한 털을 정수리에서 발목까지 뒤집어 쓰고 갓 태어난 병아리는 어미 닭이 부리로 쪼며 꼬꼬고 소리 내어 부르면, 새끼들은 삐약삐약 대답을 하며 짧은 두 발로 종종걸음 치며 따라가 먹이를 쪼아먹는 연습을 한다. 곤충과 벌레를 사냥하고, 곡식과 연한 풀잎을 쪼아 먹는 방법을 가르치고, 더우면 물을 마시며 그늘에서 쉬게 하고, 비가 오고 추우면 어미 닭 날개 속에 파묻혀 체온을 유지하게 한다. 또 솔개가 하늘에서 병아리를 낚아채려 공격자세를 취하면, 어미 닭이 날개를 곤두세우고 필사적으로 저항과 경고 소리를 내어 황급히 식솔들을 데리고 울 밑으로 피신, 위기를 모면하는 것을 보면 그 일사불란한 움직임이 가히 감탄할 만하다.

'줄탁동시'란 어원은 본시 어미 닭이 계란을 병아리로 부화시켜 공조, 협력하며 조화롭게 세상을 살아가는 데서 나온 말이다. 닭이 21일 동안 음식을 절제하며 알을 품고 있으면 계란에서 병아리가 부화하며 껍질을 깨고 밖으로 나올 때

몸부림치며 울부짖는 소리를 내는데, 이때 어미 닭은 울음소리를 듣고 특정부위를 쪼아주면 병아리는 알 속에서 껍질을 벗고 세상 밖으로 나오게 된다. 이처럼 병아리가 알 속에서 울부짖는 소리를 줄啐이라 하고, 밖에서 어미 닭이 병아리 우는 소리를 듣고 화답하여 쪼아 주는 것을 탁啄이라고 한다. 계란 속 병아리의 울음소리에 어미 닭이 반응하여 때를 맞춰 쪼아주는 일들이 동시同時에 정확히 이루어질 때 비로서 병아리는 하나의 생명체로 탄생하게 되는 것을 "줄탁동시"라고 한다.

부화 과정을 보면 계란은 부단한 자기 혁신과 변화를 추구하여 고통을 감내하면서 때를 기다려야 한다. 어미 닭은 21일간 식음을 절제하며 알을 품고 굴리며, 온기로 데우고, 귀로 소리를 경청하고, 때맞추어 부리로 쪼아 주는 일을 한다. 이런 과정을 거쳐 밖으로 나온 병아리는 인연因緣따라 우주만물과 상관관계를 유지하면서 세상을 살아가게 된다. 닭들의 줄탁동시의 과정은 인간에게도 연관하여 볼 때 시사하는 바가 매우 크다고 생각된다.

병아리 부화는 몇 가지 요소가 갖추어지고 충족될 때만이 가능하다. 먼저 계란은 지속적인 변화를 추구해야 한다. 새롭게 탄생하려면 자신이 변화와 혁신을 추구할 때 주위로부터 도움을 받을 것이다. 내가 변하여 감동적인 기쁨과 즐거움을 남에게 보일 때 주변에서도 긍정적인 반응으로 접근하게 된다. 두 번째로, 주변의 소리를 경청해야 한다. 어미 닭은 계란 속 병아리의 부화가 가능한지를, 울음 소리를 잘 듣고 알아내야만 생명창출이 가능하다. 가족간의 불편한 소리, 동료간의 불협화음, 제품에 대한 고객의 소리, 정부가 국민의 소리를 진지하게 경청하지 않으면 발전과 조화는 있을 수 없을 것이다. 세 번째, 시기를 놓치지 말아야 한다. 아무리 좋은 변화와 혁신이라도 상대방이 갈망할 때를 잘 맞춰야 한다.

세상 살아가는 가르침과 이치가 어찌 닭들에게만 국한되겠는가. 우리가 살아가는 세상살이에도 결코 간과해서는 안 될 꼭 필요한 명언銘言이며 가르침이라고 본다. 행복한 가정을 이루기 위해서는 부부와 가족의 줄탁동시가 이루어져야 하고, 훌륭한 인재를 배출하기 위해서는 사제간에 줄탁동시가 이루어질 때 가능하다. 또 기업이 번창하기 위해서는 노사간에 줄탁동시가 되어야 한다. 한 나라가 번영하려면 훌륭한 지도자와 관료, 국민이 줄탁동시가 될 때만이 태평성대가 이루어질 것이다. 기업도 소비자가 원할 때 제품과 서비스를 제공하여야 소비자로부터 감동을 받는다. 아무리 좋은 제품을 내어놓아도 모두가 히트 상품이 되는 것은 아니다. 타인과의 관계 속에서 삶이 형성되므로 고통을 감내하여야 한다.

같은 학교에서 동문수학하는 것은 계란의 줄탁동시와 다를 바가 없는 동질적인 현상이라고 생각한다. 인간의 기나긴 일생 가운데 젊어서 학업을 마치는 기간이 따지고 보면 긴 세월이 아니다. 고등학교는 3년, 대학교는 4년에 불과하지만 그 학업하고 마치는 순간은 줄탁동시가 아닌가. 따라서 삶에서 동창간의 동질성과 신뢰성은 각 개인간에 차이는 있다 하더라도 밀접한 관계를 형성한다는 것은 만인이 공감하는 것이다.

김경수金慶洙 님은 내가 평생 존경하고 신뢰하는 줄탁동시의 고려대학교 교우이다. 같은 대학교의 상학과 교우로 만남은 결코 쉬운 일이 아니다. 뿐만 아니라 김경수님은 어려서 출생 성장한 고장이 충청남도여서 나와 더불어 한 고향 사람으로 지내며 학교생활보다도 사회생활에 있어서 더 많은 신뢰를 쌓으며 생활하여 오고 있다.

 그는 노동운동을 관리하고 연구하는 곳에서 획기적인 성과를 쌓으시고 연세가 든 지금껏 헌신하는 분이다. 김경수님은 나와 같은 제약업계에서 오래 근무하셨다. 대한민국 국민 누구나 다 아는 '일동제약'의 경영자 윤용구 회장의 마음에 들어 맞는 인재로서 등용되어 회사의 기획업무를 장기간 맡아 하셨고 퇴직무렵에는 일동에서 설립한 광고회사 '윤이기획'의 CEO로서 엄청난 성과를 올리는 데 헌신의 노력을 경주하였다. 사실 회사에서 광고를 담당하는 것은 쉬운 일이 아니다. 광고란 작은 경비로 큰 성과를 올려야 한다. '비오비타'나 '아로나민'같이 잘 알려진 품목도 지속적이고 획기적인 광고가 뒷받침 되지 않으면 소비자들은 망각하고 다른 품목으로 옮겨 가 버린다.

 일동제약은 초기에 윤 회장과 임직원들의 노력으로 오늘의 중견 제약업체(10위 권)로 성장하였다. 본인은 일동제약과 같은 업계인 동아제약에서 근무하면서 가장 친밀하게 지내 온 회사이므로 이 회사의 창업자 고(故)윤용구 회장과 평생을 회사와 함께 한 이금기 회장, 지금의 이정치 회장, 지금은 퇴직하였지만 경영자로서 이름이 알려진 김경수 사장의 노고가 쌓여 오늘의 기업신용과 일동제품의 신뢰도를 깊이 있고 넓게 쌓아 한국의 제약업계 발전을 태산같이 축척하여 오고 소비자로부터 두터운 신뢰성을 쌓은 것으로 생각된다.

 김경수 님의 기업가 정신과 사회공헌의 성과가 평생 적덕(積德)정신으로 길이 빛나실 것을 간절히 바라면서 더욱 건강하시고 장수하시길 바랍니다.

김경수 희수 문집. 2011.07

다시 찾은 나의 삶

40여 년간 주말이면 골프장과 가까이하며 살아왔다. 젊어서는 사교를 목적으로, 나이 들면서는 취미와 건강을 핑계로 골프와 함께해왔다. 그날 아침에도 일곱시에 조찬회를 참석한 후, 회사 일을 보고 난 오후에는 골프 스케줄이 짜여져 있었다.

"아버지, 정신 드세요?"

"응… 여기가 어디냐?"

"병원이에요."

"응…."

내가 갑자기 쓰러져 병원으로 온 것은 2년 전인 2009년 5월 14일이었다. 출근 준비를 하고 공복에 물 한 컵을 마시던 중 쓰러졌다. 롯데 호텔에서 매주 개최되는 조찬회에 시간을 맞춰야 하는 날이었다. 나를 기다리던 운전기사와 아내는 졸도한 나를 가까이에 있는 강남 세브란스 병원 응급실로 서둘러 옮겼다. 집에서 병원까지는 몇 분 안 걸리는 거리여서 다행히 생명은 건질 수 있었다.

중환자실에 3주간, 일반 환자실에 2주 간 입원치료하고 퇴원하는 행운을 얻었다. 퇴원 후 언어장애 회복 강습과 팔 운동 치료를 받아서 모든 것이 서서히 원상 회복되었다. 수술을 맡아주신 주진양 선생님과 홍창기 선생님, 간호사님, 간병인 모두의 덕이라 생각한다. 나의 가족과 주위에서 걱정해주신 분들에게도 미안함과 감사함을 전한다.

이제 건강을 조심해야 하는 70대 후반의 나이임에도 불구하고 많은 일들에 참여하고 열중하다 건강을 한꺼번에 잃을 뻔 하였다. 친분 있는 많은 분들께 해외출장이란 핑계를 댔지만 그렇게 달포 이상 해외 나가 있음이 이상하다고 여긴 분들이 입원 사실을 알고 퇴원 전후에 문병해 주셨다. 환자는 문병을 와주면 반갑고 좋지만, 병원에 문병가는 것이 즐거움은 아닌지라 한편으로는 폐를 끼치는 것 같아 미안하였다.

건강한 삶에서 갑자기 건강을 잃고 보니 건강이 얼마나 중요한가를 깊이 깨닫게 되었다. 쓰러지고 나서 5주간의 병원 치료를 받고서야 모든 것이 건강에 달려있음을 알게 된 것이다. 중병을 치르고 난 지금 건강을 되찾아 한동안 쉬었던 골프를 봄부터 참가하여 오랜만에 월례경기에서 동창들과 만나는 즐거움을 누리게 되었다.

내가 갑자기 병을 얻은 원인이 무엇인가? 평소에 혈압 강하제를 10여 년간 복용한 것과 함께 평생 일을 좋아해서 밤낮없이 일에 몰두한 것이 그 결정적인 원인이었다. 동아제약에서의 30여 년간의 직장생활과 코리아나 화장품 CEO로서의 20여 년간의 삶 동안 나는 모든 지혜와 열정, 그리고 건강을 쏟아 부어 일에 열중해 왔다. 그것은 내게 성취감과 기쁨을 안겨주었지만 한편으로는 건강을 소홀하게 한 원인이 되기도 한 것이다.

건강을 다시 찾고 나서 나는 열정적으로 일에 매진하며 살아온 지난 시절을 한번 되돌아본다. 취직하기가 어렵던 1959년, 나는 동아제약에 공채로 입사하였다. 회사를 키워야 나도 성장할 수 있다는 기업가 정신으로 회사 일에 몰두한 결과, 나는 입사 10년 만에 말단에서 임원이 되는 성취를 이루었다. 나의 경영 능력을 키우는 데에는 동아제약 강중희 회장이 강조한 근면과 협동을 기본으로 하는 경영인의 인간성, 그리고 독일 의학 박사이시기도 한 강신호 회장이 지도한 자상함과 올바름을 갖춘 독일식 경영방식이 큰 도움이 되었다. 동아제약 입사 후 60년대에는 경영관리의 체계를 수립하였고 70년대에는 기업공개로 재무구조를 개선하고 은행금융으로 안양공장을 건설하기 위해 발로 뛰어 다녔으며, 외국회사와 기술제휴로 제품의 품질을 개선하기 위해 밤낮없이 노력하였다. 회사 임직원과 힘을 합친 결과 회사는 업계 일등 회사가 되었고 2위 회사와 매출액이 2배 차이가 나는 견실한 기업으로 성장하는 보람을 맛보았다. 특히 장수상품 박카스에 많은 애정을 가지고 기획관리 업무와 영업담당 임원을 거친 것이 이후 최고경영자(CEO)가 되는 밑거름으로 작용하였다.

그러나 돌이켜 보건데, 나에게는 행운의 시대와 불운의 시대가 함께 있었다. 다각경영의 일환으로 화장품 회사를 1억원으로 매입하여 2년간 경영하였으나 23억의 누적 적자로 곤경에 빠졌다. 이 회사를 살리는 책임자로 내가 배정되었다. 불행한 시기였다. 나는 전혀 모르는 화장품 경영자로 발탁되었다. 적자경영에서 흑자로 전환하는 데 4년, 모범업체로 성장시키느라 10년간 온갖 지혜와 열정을 다 쏟아 부었다. 그리고 퇴임했다.

한 직장에서 '한 우물을 파라'는 고려대학교 유진오 총장의 훈시를 받은 대로 한 회사에서 30년을 근무하다 보니 50대 중반이 되었다. 10년간 쌓은 화장품 사업 경험을 바탕으로 나는 1988년 코리아나 화장품을 창업하였다. 경영자금은 퇴직금 1억여 원이 전부였지만 창업이란 돈을 쌓아놓고 하는 것만은 아니었다. 우선 선진국의 우수 제품을 고르기 위해 프랑스, 미국, 독일, 일본 등을 다니면서 파트너를 구했다. 수소문 끝에 프랑스의 이브 로쉐Yves Rocher와 계약하고 회사를 설립하였다. 수입 화장품과 자가 생산한 코리아나를 시장에 내놓고 직접판매제도를 개발하였다. 채시라 양을 모델로 기용하여 불과 5년 만에 천 몇백억의 매출로 급성장시켜 주위를 놀라게 하였다.

　기업인으로서의 삶 이외에 나는 미술관, 박물관 관장, 객원교수, 수필가로서의 삶을 병행하였다. 2000년대 들어와서 경영을 전문 경영자에게 위임하고 서울 신사동에 코리아나미술관, 코리아나 화장박물관을 건립하였다. 평소에 모았던 문화재 수 천 점과 회화, 조각, 영상, 서예 등을 전시하여 사회적인 평판을 모았다. 여러 기업체의 초청 강의뿐 아니라 고려대, 이화여대, 중앙대에서 객원교수로 위촉 받아 강의를 하기도 하였다. 젊은 학생들과 강의를 하는 것은 CEO로서의 역할이고 큰 즐거움이기도 하다. 바쁜 와중에 옛 문화재가 나오면 달려가 보는 즐거움과 사들이는 성취감을 느끼며 살아왔다. 또한 나는 문인협회, 수필가협회, 국제펜클럽 등의 회원으로 수필을 발표하면서 문인으로 글을 써 왔으며, 수필집 8권을 펴냈다. 그 또한 큰 즐거움이었다.

　좋은 화장품으로 많은 사람을 아름답게 도와주는 일, 박물관, 미술관을 통하여 문화적 공헌을 쌓아가는 일, 수필을 통하여 나의 경험과 철학을 전하는 일 등은 모두 나의 심신의 건강에서 나온다는 사실을 이제서야 깨닫는다.

  달리다시피 살아온 삶이라 아직 마지막이라는 단어는 내겐 생소하다. 아직도 배워야 할 것과 해야 할 일이 한없이 많다. 어려서 배웠던 맹자와 논어를 밤공부로 배우러 다니다가 나는 과로해서 쓰러지는 일을 경험하였고 다시 깨어나면서 새로운 삶을 찾았다. 다시 찾은 나의 삶이 더욱 보람될 수 있는 바탕은 바로 건강이다. 국가로부터 받은 두 개의 훈장 「국민훈장 모란장」, 「문화훈장 옥관장」과 사회 여러 기관에서 받은 상과 감사패를 헛되게 하지 않으려는 노력을 이제는 건강에서 찾으려 한다.

월간문학. 2011.07

나이 든 CEO의 치병기

병이 나던 전날도 저녁 7시부터 시작하는 한학 공부를 하고 9시경에 집에 돌아와서 식사 후 수필 퇴고를 하였습니다. 당시 수필을 많이 썼는데 늘 저녁모임에 다녀와서 11시 반까지 수필을 쓰거나 써 놓은 원고를 퇴고하였습니다. 수필 한 편을 완성하려면 4번 내지 5번 퇴고를 해야 완성이 되므로 수필을 다듬어보고 나서 잠자리에 드는 것이 일상이었습니다.

2009년 5월 14일 목요일. 내가 갑자기 쓰러졌습니다.

쓰러지던 날, 조찬회 참석 차 아침 6시 반에 출발해서 적어도 7시까지는 롯데호텔에 도착해야 합니다. 평시와 마찬가지로 조찬회에 가겠지하고 생각했을 집사람이 내가 쓰러진 것을 보고 얼마나 놀랐겠습니까. 당시 내 차를 운전해주던 김진화 반장이 올라와서 쓰러져있는 나를 서둘러 병원에 데리고 갔습니다. 집에서 가까운 강남세브란스병원 응급실로 갔습니다. 세브란스 응급실에서 신경외과 주진양 선생과 홍창기 선생이 담당하여 엄청난 수술을 하였습니다. 다행히 목숨을 건졌습니다. 뇌내출혈 및 언어장애 그리고 양수불편이라는 진단이 내려졌습니다.

머리 수술을 어떻게 했는지는 자세히 알 수는 없지만 큰 수술을 했던 것은 사실입니다. 수술 후 중환자실에 입원하였습니다. 그때 아들이 '아버지, 손들어봐요'하니 손을 조금 움직였답니다. 중환자실에서 약 2주간 있었고 조금 회복되어서 일반 병실로 옮겼지만 몸이 바로 좋아지진 않았습니다. 5주 후에 퇴원하여 통원치료로 약물치료와 더불어 재활치료를 진행하였습니다. 재활의학과에서 손놀림이 부자연스러운 것을 교정하는 재활치료와 언어치료를 받았습니다. 그 당시에 통원치료를 맡아해주던 박윤길 선생과 최명수 언어치료사에게 많은 감사를 드립니다. 뿐만 아니라 주진양 선생과 홍창기 선생은 특별히 내 생명을 구해주신 큰 은인으로 생각을 합니다. 이 기간 동안에 병실에서 나를 돌봐주신 임명순 간병인에게도 감사를 드립니다.

중환자실에 있을 때는 움직이지 못하다가 일반병실에 와서는 차차 걸음을 내딛을 수 있게 되었습니다. 입원하기 전에는 체중이 79kg정도였는데 퇴원 후 65kg으로 14kg가 줄었습니다. 바람이 불면 날아갈 정도로 몸이 쇠약해져서 내 평생 80이 가까운 나이에 이렇게 처절하게 체중이 줄었던 적이 없었습니다. 퇴원 후 통원치료를 하면서 체중을 늘리기위해 식사도 잘하고 건강 관리를 하여 얼마 후 회복하였습니다.

주진양 선생을 비롯한 의사 선생님들, 치료해주신 간호사 여러분, 간병인 그리고 제 주위에 있는 가족 여러분들께 감사를 드립니다. 그 외에도 재활의학과 선생님들, 치료실의 여러분들 그리고 언어치료를 해주신 분, 내가 갑자기 쓰러져서 놀랬을 가족 여러분과 친구 여러분들에게도 죄송스럽고 감사합니다.

쓰러진 지 이제 벌써 6년이 넘었고 제 나이도 80이 넘었습니다만, 아직도 내게는 할 일이 좀 남아있습니다. 그 일을 돌보라고 명이 좀 남아있는 것으로 생각합니다. 지금도 세브란스병원 의사 선생님의 지도 관리에 따라 건강을 유지하려고 많은 노력을 하고 있습니다. 나의 생명의 길이는 알 수는 없지만 내가 살아있는 동안 건강하게 지내어 회사가 발전해가고 내 수집품으로 세운 코리아나 회장박물관, 미술관이 문화발전에 도움이 되는 것을 지켜보면서 언젠가는 나도 명에 따라 갈 데로 가겠지요.

나는 평생 경영인으로서 꼭 해내야겠다는 강한 의지로 부지런하게 움직이고 활동했던 것을 감사히 생각합니다.

어느새 그 후로 6년이 되었지만 바람은 큰 아픔 없이 지내다가 때가 되면 훌쩍 가버리고 싶습니다.

약국신문. 2015.07

한맹漢盲을 벗어나 한자漢字를 아는 나라로

우리나라는 중국·일본과 더불어 한자를 사용하는 한자문화권 국가입니다. 한민족의 역사가 시작된 이후부터 훈민정음(1443)이 제정된 조선 시대를 거쳐 현대에 이르기까지 한자는 우리 역사와 문화를 담고 있는 글자입니다. 그러나 시대가 바뀌어 가면서 한자보다 한글 사용 빈도가 높아지고, 한자를 잘 알지 못하여 생기는 여러 문제점이 꾸준히 나타나고 있습니다. 한글은 문음文音은 있으나 문의文意는 없어서, 한글과 한자를 동시에 알지 못하면 화자話者가 전달하고자 하는 의미를 정확하게 알 수 없기 때문입니다. 그뿐만 아니라 과거부터 사용해 온 단어의 정확한 의미를 알 수 없어 언어를 이해하고 창조創造, 造語하는 데도 어려움이 많습니다. 또한, 서로 다른 용어를 사용하는 세대 간의 대화에서 발생하는 의사소통의 부재로 사회생활社會生活을 하는 데 어려움을 만나게 됩니다.

한 예로 우리는 성함姓銜이라고 하여 성姓과 이름을 쓰는데, 한자를 쓰지 않음으로써 어느 한자 姓인지 구분이 되지 않는 경우가 허다합니다. 필자의 성姓인 유氏의 경우 '버들 류柳', '묘금도 류劉', '그러할 유兪', '곳집 유庾'가 있으므로 유 아무게라 하면 무슨 유 씨氏인지 물어야 하는 경우가 있습니다. 심지어 묘금도 류와 버들 류는 '유' 가 아니고 '류'인데 한글표기법의 두음법칙에 따라 전부 유로 기록을 하게 하여 어느 성씨姓氏인지 구분하기가 어렵습니다.

그러나 무엇보다 고문화에 대한 지식을 얻는 데 필요한 한자를 모르는 문맹이 많아졌다는 것이 가장 큰 문제입니다. 우리나라는 당초에 한자로 역사기록의 대부분을 남겼기 때문에, 고문서를 통해 과거의 모습을 유추하여 현대의 삶에 적용해야 합니다. 그러나 한자를 잘 알지 못한다면, 과거에 대한 정확한 이해가 불가능하여 장기적으로는 문화의 퇴보와 외교적 상황에서 적절하게 대처할 수 없는 상황도 발생하게 될 것입니다.

또한, 세계의 이목이 동북아 사회로 집중되고 있는 지금, 동북아의 중심에 있는 우리나라로서는 같은 한자문화권의 중국·일본과의 교류가 매우 중요합니다. 하지만 지금처럼 한자를 외면하는 것은 삼국 간의 문화 교류에서 뒤처지고, 언어의 의미, 즉 말뜻을 바로 이해할 수 없어 불편함과 손해가 반드시 생기게 될 것입니다. 그러므로 삼국 간의 이해와 교류 증진을 위해서는 한자 능력을 키우는 교육이 필수라고 생각합니다. 하지만 우리나라 교육과정 중 한자 교육의 비중은 여전히 낮습니다. 1970년 정부의 '초등교과서 한자 병기' 폐지 정책 이후 한자 교육을 소홀히 하다 보니 한 학년 전체의 한자 수업을 선생님 한 분이 모두 담당하는 일이 비일비재하다고 합니다. 결국, 한자어를 이해하지 못하는 세대를 양산하고, 영어를 중요시하는 교육 현실은 우리나라 청소년들의 국어 능력 저하를 가져오는 결과를 낳았습니다. 한자 교육은 우리말의 의미를 보다 정확하게 이해하고 쓸 수 있다는 점에서 반드시 시행되어야 하는 교육입니다.

지난해에는 필자와 같은 의견을 가진 사람들의 뜻이 모여 한자 교육의 필요성을 '1,000만 명의 국민 서명 운동'을 통해 정부에 건의하기도 하였고, 한·중·일 세 나라의 인사로 구성된 회의에서 '삼국 공통의 상용한자 800자'를 선정해 발표하기도 했습니다. 점차 한자 교육의 중요성이 주목받는 것 같아 다행이라고 생각합니다. 앞으로는 사회에서 청소년뿐만 아니라 성인들도 한자의 중요성을 깨닫고 한맹漢盲에서 벗어날 수 있도록 조금 더 적극적으로 한자 교육을 추진했으면 좋겠습니다.

기업인인 필자는 이미 30년 전 회사 창업 초기부터 신입사원들에게 천자문千字文을 쓰게 하고, 회사에 제출해야 하는 제도를 시행하고 이후도 한자능력시험을 보도록 권하고 있습니다. 그 결과 업무처리 및 조직 내 의사소통에 불편함이 없어 회사와 직원 모두에게 긍정적인 효과를 얻고 있습니다.

따라서 국가의 젊은 층인 청년들이 한자를 익히게 되면 사회생활에도 도움이 되고 문화에 대한 지식이 늘어 국민 수준이 올라갈 수 있다고 생각합니다. 한자에 대한 지속적인 배려와 관심을 통해, 한자를 모르는 사람이 없는 국가가 될 수 있었으면 하는 바람입니다.

한글+漢字문화, 2016.02

기업 하기 좋아야

40여 년 전 회사 업무로 이탈리아에서 열리는 회의에 참석하게 되었다. 동남아시아는 이전에도 여러 번 출장을 다녔지만, 유럽은 처음이라 간 김에 두루 둘러 볼 겸 떠났다. 서울을 떠나 맨 처음 네덜란드의 암스테르담에 도착했고, 그곳을 거쳐 배를 타고 스웨덴으로 이동했다. 당시 우리 회사는 스웨덴으로 제품을 수출하고 있었기 때문에 출장길에 스웨덴을 찾았다. 스웨덴의 길거리에는 사람이 별로 없었다. 동행한 안내인에게 물어보니 학생들은 학교에, 일반인들은 직장에 갔기 때문에 낮에는 거리에서 사람 보기가 쉽지 않다고 했다. 숙소에서 잠시 쉬었다 저녁에 나가보니 그제야 왕래하는 사람들을 많이 볼 수 있었다.

스웨덴에서 우리 회사 제품의 수입과 판매를 담당하는 관계자를 만났다. 그 사람으로부터 우리 제품이 잘 팔린다는 얘기를 들었다. 곧바로 '더 많이 팔아 달라'고 부탁했다. 그러나 '우리는 많이 팔 생각이 없고 그냥 생활할 정도로 수입이 나오면 됩니다.'라는 관계자의 대답을 듣고 무척 놀랐다. 나는 매출이 많이 올라야 이익도 생기고 좋아지지 않느냐고 되물었고, 돌아온 대답은 처음과 같왔다. 스웨덴에서는 기업이 이익을 많이 내면 그만큼 세금도 많아져서 이익을 크게 내기 위해 애쓰지 않는다고 했다. 그래서 직장을 다니며 봉급을 많이 받으나, 기업운영으로 높은 수익을 올리나, 세금을 많이 내는 것이 똑같아 생활에 불편하지 않을 정도만 벌면 된다는 생각을 하고 있었다. 기업을 키워 이익이 난다고 해서 경영자에게 많은 도움이 되지 않으니 일정 규모로 회사를 경영하면 생활에 지장이 없어 그 정도에 만족하는구나 생각을 했다. 그 당시 회사를 키우기 위해 동분서주하며 열심히 뛰던 나로선 쉽게 이해하기 어려웠다. 그 후에 영국 런던을 돌아 프랑스 파리, 독일, 스위스를 거쳐 이탈리아의 회의에 참석하고 돌아왔다.

지난달에는 내가 참여하는 모임을 통해 몇 곳의 기업에 방문할 기회가 있었다. 맨 처음 방문한 곳은 충북 제천의 일진그룹 제천 공장이었다. 자동차 부품의 베어링을 주로 만드는 일진그룹은 현대, 기아는 물론, 세계적인 자동차 포드, GM, 벤츠 등에 납품하고 있다고 한다. 나는 세계 자동차용 베어링의 30%를 차지하는 생산량의 규모와 투자, 그리고 품질을 인정받는 제품을 만드는 자동화 공장을 보고 놀랐다. 한 경영자의 의지와 노력으로 대규모 공장이 가동되고, 좋은 여건을 갖춘 기업으로 성장하여 국가 산업 발전에 기여한 것에 대해 감사한 마음을 가졌다.

일주일 뒤에는 경제인회에서 충남 당진에 있는 동화기업 공장을 찾았다. 이곳에서는 나무로 된 판재를 생산한다. 건물 바닥에 사용하는 바닥재를 예전에는 나무를 쪼개 붙인 합판으로 사용했으나, 최근에는 국산 목재와 외국의 목재를 섞어 기계에 넣고 분쇄, 압축한 것으로 만든다. 동화기업은 2세 경영자가 운영하고 있다. 경영이 어려워진 목재회사를 인수하는 등 회사를 대규모로 성장시켜나가고 있으니 설립자의 뜻을 훌륭하게 따르고 있는 것 같다.

마지막으로 방문한 곳은 오산에서 약 8만 평 부지의 공장을 운영하는 회사였다. 이 회사는 부지 전체에서 건물이 들어서지 않은 곳마다 잔디와 꽃, 나무를 심어 잘 가꾸고 있었다. 나는 회사를 안내받고 공장 일부도 돌아보며 작은 부분까지 관리하는 것을 보고 이 기업의 미래를 생각했다. 과거에 만났던 스웨덴과 우리의 건실한 기업을 비교해보면 우리 기업의 경영자가 더욱 발전적이다. 창조 경영을 하는 우리나라 경영자들 덕분에 한국의 경제 발전 수준은 나날이 높아지고 있다.

내가 이런 이야기를 하는 것은 기업 운영에서 경영자의 역할에 관해 얘기하고자 해서다. 기업을 시작하면 경영자가 선두에 서서 회사를 키우기 위해 많은 노력을 해야 한다는 것은 누구나 알고 있는 사실이다. 그러나 한편으로 경영자가 기업의 큰 줄기 역할을 해야 하는 점은 종종 잊는 것 같다. 나무의 줄기는 뿌리와 잔가지를 이어주는 역할도 하지만, 비바람에 넘어지지 않도록 단단하게 지탱해준다. 줄기가 굵을수록 뿌리는 더욱 단단하게 땅에 박혀 있고, 가지는 더욱 높고 넓게 펼쳐 나갈 수 있다. 그래서 나무는 줄기의 상태에 따라서 좋은 목재로, 유명한 관광자원으로도 세계에 이름을 알리고 경제적 가치도 높아진다.

내가 생각하는 회사 경영자의 역할은 창업(뿌리)의 뜻을 바탕으로 여러 사업(가지)이 건실하게 확장할 수 있도록 중심을 잡는 것이다. 곧, 경영자가 갖고 있는 생각과 의지에 따라 회사의 규모와 인지도, 미래가 결정되는 것이다.

우리나라는 일제의 강점에서 벗어나 지극히 가난한 나라로 살았다. 그 후에 6

·25전쟁이 일어나 한동안 매우 어렵게 지냈다. 전쟁이 끝나고 국민소득이 100달러가 안 되는 어려운 나라였지만, 이제는 국가경쟁력이 있는 부강한 나라가 되었다. 어려운 시기 이병철, 정주영 회장과 같은 유능한 경영자들이 나와 기업을 일으켰기 때문이다. 그들은 국내외로 힘든 상황을 겪으면서도 기업과 나라의 경제가 흔들림 없이 클 수 있도록 줄기 역할을 충실하게 했다. 덕분에 기업은 번창했고, 우리나라 제품의 인지도가 높아졌다. 어느 지역에서는 코리아라는 나라는 몰라도 삼성은 안다고 한다. 기업의 경영규모가 크고 좋은 상품이 많이 팔리면서 국민소득과 국가 지명도가 올랐다. 이렇게 기업가의 역할과 중요성은 기업을 넘어 국민과 국가에 큰 보탬이 된다.

그런데 근래에 큰 기업의 경영자를 처벌하여 구속하는 일이 많아졌다. 정도경영이 아닌 위법행위를 한 것이 문제가 되어 일어난 일이다. 기업이 위법하게 되는 데는 기업 전반의 비리가 문제일 수도 있지만, 때로는 지극히 개인적인 비리와 여러 가지 규제로 말미암아 생기게 되는 어쩔 수 없는 경우도 있다. 기업의 비리로 위법할 경우 경영자가 책임을 지고 처벌받는 것은 당연한 일이지만, 그 외에의 경우까지 경영자가 모두 책임지고 처벌 받는 것은 안타까운 일이다. 경영자의 부재는 결국 회사의 운영과 연결되고, 기껏 쌓아 놓은 기업의 가치가 흔들리는 결과가 나온다. 그 때문에 나는 항상 경영자를 구속하는 것이 능사가 아니라고 생각한다. 위법의 정도와 상황에 따라 처벌과 구제 방법을 좀 더 다양하게 모색해야 할 필요가 있다. 위법행위에 대한 확실한 처벌과 경영자가 기업경영을 지속할 방법을 함께 고려해야 한다. 경영자가 구속을 면하고 일선에서 새로운 경영을 해 나갈 수 있게 조치를 취하는 것은 기업은 물론 국가 경제 발전에도 도움이 된다. 무엇보다 기업이 경영하기 좋은 환경이 되어야 크고 튼튼한 기업이 많이 만들어진다. 사회 경제가 안정되고 그 가치가 높아질 때 국가는 비로소 힘이 생긴다.

한국수필. 2016.11

한국인의 기본 문자는
한자와 한글

2016년 교육부는 2019년부터 초등학교 5·6학년 교과서에 한글과 한문을 함께 적는 교육방침을 공포했다. 1970년 한글 전용정책으로 초등학교 교과서에서 한자가 사라진 이후 48년만에 한자 교육이 부활하게 되었다니 정말로 반가운 일이다. 국가의 문화발전을 위해 참 잘했다는 칭찬의 말과 축하의 글을 전하고자 한다.

지난 40여년간 우리나라 학생들은 한글 중심의 교육을 받았다. 우리나라는 중국·일본과 더불어 대표적인 한자문화권의 국가임에도 불구하고, 두 나라와 달리 한자를 쓰는 문화가 쇠퇴하였다. 우리나라는 옛날부터 한자문화 중심으로 생활을 해왔고, 이를 바탕으로 우리 문화가 이어지고 있다. 그러나 한자 교육을 중지하면서 젊은이들은 한자를 잘 모르는 한맹漢盲세대가 되었을 뿐만 아니라 말과 글에 담긴 뜻을 제대로 모르니 문화를 잘 이해하지 못하는 경우도 있어 아쉬움이 많았다.

나는 마을에서 서당을 하시던 한학자 조부님 덕분에 다른 친구들보다 한자 공부를 일찍 시작했다. 그래서 나는 초등학교 때부터 천자문을 배우고 명심보감과 맹자를 익혔다. 서울로 유학을 오면서 한자 공부를 계속하진 못했지만, 상급학교를 마치고 사회생활을 하면서 한자 공부를 했던 덕을 많이 보았다. 한자를 막힘없이 읽고 쓰는 것은 물론, 그 속에 담긴 뜻을 정확하게 알고 있었기 때문에 문서를 작성하거나, 대화할 때 실수하는 경우가 별로 없었다. 우리말에는 같은 발음이지만 다른 뜻이 있는 동음이의어同音異議語가 많다. 한자를 잘 아는 사람이라면 그 뜻을 쉽게 이해할 수 있으므로 상황에 맞게 적절한 어휘를 사용할 수 있다. 한자를 많이 알수록 어휘력도 증가한다. 또한, 사회생활에서 한자를 잘 모르면 불필요하고 번거로운 일들이 생긴다. 예를 들면, 성명에 있어서 같은 발음으로 읽지만, 그 글자는 다르다. 신 씨는 申·辛·愼 등이 있다. 한글로 된 신 아무개하고 명함을 주고받아도 무슨 신 씨인지 다시 확인해야 하는 불편함이 있다. 명함은 한자로 써야 한다.

 나는 일제강점기 때 초등학교에 다녔다. 그래서 일본어로 된 교과서를 보고, 일본어로 수업을 받았다. 광복되던 6학년 때까지 한글에 대해 잘 알지 못했다. 광복 이후 한국인 교장 선생님이 부임하시면서, 학교에서 한글 수업을 받을 수 있었다. 한글과 한자가 중요하고, 한자가 우리 삶의 중심 문자였다는 것을 알게 되었다. 그러나 현재 우리나라는 한문의 중요성을 알지 못하는 것 같다. 오랫동안 우리 문화의 중심이 되었던 한문 교육이 소홀해지면서 우리 고유문화를 유지하고 발전시키는 것은 어려워진다. 물론 한글이 여러 가지 음성을 표현하는 장점이 있는 훌륭한 문자다. 그러나 우리나라는 기록이 남아있는 삼국시대 이전부터 세종대왕이 한글을 창제한 이후로도 한자를 사용했다. 그러므로 한자를 배제하고 한글만으로는 그 역사적 사실과 언어에 담긴 의미를 다 알기는 어렵다. 한국인이라면 한자를 배워야 할 당위성이 크다고 생각한다. 자국의 문화를 잘 알고 지켜나가기 위해서는 언어를 잘 아는 것이 중요하다.

한국은 10대 경제 국가로 평가 받는 나라다. 국민이 자신의 문화에 대해 잘 모른다는 것은 민족의 후진성을 드러내는 현상이다. 한자 교육이 금지되어 있어서 문화가 침체되다가 한자 교육을 다시 시작한다니 한국 문화 수준이 향상될 수 있을 것 같아 기쁘다. 또 문자의 뜻을 이해하는 데 많은 도움이 되고 조금 더 어려운 말을 이해하지 못하는 어려움에서 벗어나게 되어 매우 다행스럽다.

필자는 '학이시습지學而時習之'를 좌우명으로 삼을 만큼 교육의 중요성을 강조한다. 그중 한자 공부에 대한 중요성을 알고, 가능한 많은 사람이 한자에 대한 지식을 습득하길 바라는 마음이 크다. 필자가 세운 코리아나 화장품의 직원들부터 한자를 공부할 수 있도록 했다. 우리 회사의 신입사원들은 입사와 동시에 천자문 책을 받는다. 한 자를 열 자씩 쓰면 만 자를 쓰게 된다. 그래서 코리아나의 입사자는 누구나 만 자萬字를 써 보아 기본적인 한자를 학습한다.

요사이 일각에서는 한자에 대한 교육을 위해서 한자 급수 시험을 시행하고 있다. 시험은 초급수준인 8급에서 전문가 수준인 1급, 특급까지 있는데, 우리 회사 사원들에게도 자신의 한자 능력을 함양하도록 권장하여 시험응시를 독려한다. 높은 급수를 받은 직원에게는 칭찬하고 있다. 그래서인지 요즈음은 많은 사원이 급수를 취득하고 있어 다행스럽다.

월간지 '한글+漢字 문화'에서는 그동안 한자 교육을 장려하고 국가기관에 한자 교육을 권장해 왔다. 그 결과 교육을 담당하는 국가 기관과 국민의 의견이 모여 사라졌던 초등학교 한자 교육을 부활시키는 정책을 세웠다. 우리 문화의 근본인 한자를 버리지 않고, 이제 한글과 한자를 함께 쓰는 일로 문화에 기여하게 된 것은 매우 잘 된 것으로 생각한다. 교육한 만큼 국민의 문화 수준이 향상 되어 세계 어느 나라보다 경제와 문화가 발달한 선진국이 되길 기원한다.

한글+漢字문화, 2017.01

병후에 건강의 참 맛을 알다

질병은 가벼운 병과 무거운 병으로 나뉜다. 가벼운 병은 대개 약국의 일반 의약품으로 빨리 치료할 수 있지만 심한 병의 경우에는 병원을 찾아야 한다. 일반적으로 젊어서 병원을 찾는 것은 지인의 문병이나 장례식장에 가는 경우가 많다. 중년이 되면 자신의 건강을 위해 건강진단을 받으러 병원을 찾는다. 하지만, 나이가 들어서 노년이 되면 질병이 자주 발생할 수가 있고, 급한 질환이 생겨서 병원에 가게 되는 경우가 점차 많아진다. 병원을 찾는 빈도가 높을수록 몸이 약하다는 것이다. 사고로 인해 다치는 경우도 있겠지만, 노화로 말미암아 수술로 치료해야 하는 경우도 많다. 그러므로 나이가 많은 사람은 대형병원 근처에 사는 것이 좋다고 생각한다. 병원과 집의 거리가 멀리 떨어져 있으면 응급 시 병원에 도착하는 시간이 길어져 위험하기 때문이다.

심각한 질병인 경우 또는 건강 상태가 갑자기 안 좋아졌을 경우에는 대게 입원치료를 해야 한다. 진료 후에 입원을 결정하는 경우도 있지만, 응급실에서 입원실로 옮겨 가는 경우도 많다. 병원에서는 응급실을 찾은 환자를 검사하여 치료 방법과 기간, 입원 여부를 결정한다. 그런데 이때 경제력에 따라 여러 가지 상황이 달라진다. 입원비와 치료비를 감당할 수 있는 경제력이 있어야 장기간이라도 병을 치료할 수 있고, 입원실의 규모도 달라진다. 우리나라 복지제도가 많이 발전하여 고른 혜택이 주어지긴 하지만, 희귀 질병을 앓거나, 장기간에 걸친 입원, 경제적 여유가 없는 경우에는 병 치료에 들어가는 비용을 부담스러워한다.

나는 얼마전 피부감염 질환이 갑자기 생겨 입원했었다. 다행히도 경제적 여유와 미리 준비해 놓은 보험 등의 혜택으로 1인실에 입원하여 치료를 받을 수 있었다. 병원의 입원실은 1인 병실에서부터 한 방에 여럿이 지내는 다인 병실까지 있다. 1인실의 경우 시설에 비해 입원비가 일류 호텔 숙박비용보다 비싸다고 투덜대는 사람도 없지 않아 있다. 하지만, 환자의 질병이나 위중함에 따라 또는 개인 상황에 따라 1인실을 사용해야하는 상황도 있으므로 병원에서는 1인실을 운영해야 할 필요가 있다고 생각한다.

입원하면 치료를 담당하는 주치의와 간호사가 수시로 환자의 상태를 점검한다. 이외의 시간에는 대부분 환자의 가족들이 돌보는 경우가 많은데, 간병인을 쓸 경우 좀 더 전문적으로 돌봐준다. 그러나 사실 입원 환자는 침대에 누워있고 외부 활동이 자제되기 때문에 불편한 점이 많다. 나도 1~2주 동안은 치료를 꾸준히 받았다. 하지만 3주차 땐 병원 생활이 지루해졌다. 오랫동안 병원에만 있게 되니 삶이 고되다고 생각했다. 거의 한 달간 몸이 불편하니 쉽게 외부환경을 접할 수가 없고, 창문을 통해 밖을 바라보거나 휠체어를 타고 밖을 나가야 하는 등 답답하고 불편한 것이 이만저만 아니었다. 4주차가 되어 퇴원해도 될 정도로 몸이 좋아져 하루빨리 퇴원을 하고 싶어졌다.

병원에 누워 있는 한 달간 문병을 오겠다는 사람들이 많았지만 모두 거절했다. 상황에 따라선 문병을 받는 환자도 유쾌한 일이 아니고 문병하는 측도 번거로운 일이다. 또, 지난 메르스 사태처럼 전염병 확산에도 영향을 주기 때문이다. 어쩌다 입원하게 될 경우 가족같이 가까운 사이나 대화 가능한 경우는 예외지만 직장이나 친지들에게 널리 알리는 것은 삼가는 것이 좋다. 병이 나은 후에 알려주는 것이 인사가 된다.

병원에서 나와서야 나는 삶의 본질을 깨닫게 되었다. 다행히 타고난 체질이 건강해 젊어서 일하며 공부할 때도 건강을 크게 염려하지 않았다. 큰 병치레 없이 열정적으로 회사일과 사회활동을 무리 없이 잘 해내왔는데 80이 가까워졌을 때 한번 크게 건강을 해친 적이 있은 후로는 건강이 삶에 있어서 가장 중요한 자산이라고 생각한다. 병실에 누워있는 것은 죽음과도 연관이 있다. 삶에서 가장 큰 축복은 평소에 좋은 일을 하면서 병과 죽음에 이르지 않는 것으로 생각한다. 그래서 누구나 건강을 중요시하는 것이다. 하지만, 우리는 아주 작은 부주의로 큰 고생, 즉 병에 걸리는 경우가 있다. 노인이 발을 헛짚어 넘어지거나, 옷을 입거나 벗을 때 넘어져 골절상으로 큰 고생을 하는 경우가 많다. 작은 것에서부터 주의하고 건강을 해치지 않는 노력을 해야 큰 복을 누릴 수 있다고 생각한다. 우리 모두 건강하게 살아갔으면 하는 바람이다.

한국수필. 2017.06

내가 모은 것을 남에게 보여주는 기쁨, 내가 쓴 글을 남들이 읽고 참고가 된다면 이 또한 성취이고 기쁨이 아니겠는가.

- 「성취의 기쁨」 중에서

6부

이루고

성취成就의 기쁨

　지금도 청청한 칠갑산은 옛날 모습과 변함이 없건만, 그 산을 고향에 놔두고 다른 지방으로 옮겨 사는 청양 분들이 해마다 한 권씩 나누어 가지는 칠갑문화를 읽으면 옛 생각이 그리워진다. 나는 6·25 전에 서울에서 공부하다가 6·25 때 청양에서 공부를 하였다. 이제 세월이 흘러서 당시의 학급 친구들을 자주 만나기가 어렵다. 더러는 세상을 떠나서 만나기가 더욱 어려워졌다. 서울로 올라와 명문학교에서 공부를 하고 또 좋은 회사에 입사해서 회사의 일도 내 딴에는 열심히 하였다. 그래서 맡은 분야에 성의를 다 한 결과로 전문경영자로 성장하기도 하였다.

　한 회사에서 30년의 월급쟁이 생활을 잘 마치고 코리아나 화장품을 창업하여 세상에서 인정해주는 경영자(CEO)로 성장하여 사회와 국가에 공헌한 사람으로 인정받기도 하였다. 지금 생각해보면 뒤늦게 창업을 해서 코리아나를 성장시키는 과정에 여러 가지 어려움이 있었다. 온갖 방법을 구사하며 경영자와 종업원이 합심하여 오늘의 코리아나를 만들어온 것은 내 자신의 하나의 기쁨이요, 종업원들에게도 즐거움을 주었다고 생각한다. 나의 소신대로 좋은 화장품을 개발하는 데에 힘을 쏟았고 또 그 화장품을 소비자에게 공급하기 위해서 엄청난 인원이 우리 회사 제품을 판매하는 데 동원이 되었고 지금도 많은 사람들이 일을 하고 있다. 그래서 매출액이 한때는 연간 4,000억을 넘은 적도 있었다. 뿐만 아니라 국가에 올바르게 세금을 계산해서 현재까지 약 3,000억원 정도의 납세실적을 기록하였으니 대한민국의 경영자로서 적지않은 역할을 해냈다고 생각한다. 지금 이야기한 것들을 남들은 송파삼락이라고도 한다. 삼락은 B.C 372년에 태어난 맹자님이 주장하신 바 있지만 그 삼락이 지금도 많은 사람들에게 주장되어 오고 있기도 하다.

　코리아나 화장품 창업 초기에는 선진국의 기술을 도입하기 위하여 일본, 미국, 프랑스, 독일 등 여러 나라를 돌아다니면서 기술제휴를 이룩할 수 있는 회사를 찾아다녔다. 그 당시에 프랑스에서 양적으로 가장 많은 화장품을 생산하고 있던 이브로쉐를 만나서 그 회사와 계약을 맺고 이브로쉐의 화장품의 도입과 기술제휴를 통해서 국내에서 프랑스 화장품을 취급하는 회사가 되었다. 나의 회사경영에 대한 경험을 통해서 많은 성장을 거두었다. 5년 만에 머드팩 개발에 성공하여 1,300여 억원의 매출을 올려서 전국의 500대 기업에 선정되는 성공을 거두었다. 그리고 이익도 내고 회사 규모도 키우고 제조기술도 향상시켜 천안시에 7,000여 평의 공장을 짓고 2만여 평의 공장 부지를 가지고 있다. 뿐만 아니라 미국, 일본, 중국, 동남아 각국에 수출도 하고 있다.

　따라서 여러 기관이나 학계에서도 우수한 기업경영에 대한 상도 받았고 또 국가로부터 국민훈장 모란장과 문화훈장 옥관장도 받는 등 사회 각계로부터 많은 호응을 받았다. 회사를 성장시키고 한편으로는 대학에 나가서 강의도 하였다. 고려대학교, 중앙대학교, 이화여자대학에서는 객원교수로 활동했고 고려대학교에서는 젊을 때에 시간강사로 3년간 활동을 한 바 있다. 나는 일찍이 공인회계사 시험에 합격을 한 바 있고 대학원에서 경영학 석사, 박사 학위도 받아서 그 지식을 기업경영에 충분히 활용하였다고 생각한다.

뿐만 아니라 문화재 수집에 엄청난 노력을 기울였다. 지난 40년간 고려시대, 조선시대에 여성들이 쓰던 도자기와 동경 등 여성에 관한 옛날 생활용품을 모아서 현재는 서울 강남 한복판에 코리아나 화장박물관을 세우고 운영한 지가 10년 가까이 된다. 또 글을 쓰기를 좋아해서 칠갑문화를 비롯한 여러 수필집에 기고를 하여왔다. 그 기고한 원고를 모아서 수필집을 출판하였다. 금년에 낸 『성취의 기쁨을 누려라』까지 합해서 8권의 책을 출판하였다.

내가 모은 것을 남에게 보여주는 기쁨, 내가 쓴 글을 남들이 읽고 참고가 된다면 이 또한 성취이고 기쁨이 아니겠는가. 그중에서도 내가 만든 화장품을 많은 사람들이 쓰고 즐거워하는 것이 더 큰 기쁨이라고 생각한다. 나는 여러 가지를 하면서 살아왔지만 기업가 정신이 강한 기업인이 정도경영으로 활동하여 국가 사회에 기여한 것이 나와 사회에 공헌이라고 생각해 보기도 한다.

칠갑문화. 2012.11

성취成就하는 삶

무릇 사람들은 무엇이든 이룩하고자 하는 의욕으로 큰 일이든 작은 일이든 시작하게 된다. 큰 것을 이루려면 어려서부터 큰 뜻을 가지고 부단히 노력을 쌓아가야 한다.

근래에는 올림픽에서 많은 한국인이 좋은 성적을 거둬 선수 개인과 대한민국에 커다란 성공을 알려주고 있다. 올림픽은 아니지만 한국 여성이 세계 골프대회에 출전하여 우승을 기록한 적도 있다. 박세리 선수이다. 그가 우승을 한 뒤 한국 여성 골퍼가 미국과 세계 여러 나라의 골프 대회에서 좋은 성적을 내고 있다. 내가 듣기로는 박세리는 엄청난 노력을 쏟아부었다. 특히 박 양의 부친이 끈질긴 노력으로 그를 키워내 결국 미국의 골프 경쟁에서 이겨냈다. 박 양이 친 공이 연못가의 러프에 떨어진 것을 물 속에 발을 디디고 그린온 시킨 것을 보았다. 그 장면을 많은 한국 사람들이 보고 놀랐다. 그는 그 어려운 위치에서 공을 반듯하게 쳐냈고 그래서 어려운 경기를 승리로 이끌었다. 어려움을 이겨내고 자기가 하고자 한 일을 해내는 것을 "성취"라고 한다. 볼을 한 번 한 번 실수 없이 쳐야 잘 치는 사람, 성취한 사람이 된다. 많은 선수들 중에서 스코어가 좋은 사람이 우승한다.

나는 화장품 산업의 경영자로서 많은 여성들이 우리 회사의 판매직에 근무하고 있다. 나는 그분들을 격려하며 성취成就라는 붓글씨를 써드린다. 서투른 솜씨지만 그것을 받고 즐거워하는 식구들을 보면 나도 즐겁다. 그분들은 내가 써준 글씨를 벽에 붙이고 테이블의 유리 밑에 깔아놓고 일상적으로 보고 일한다.

정해진 회사, 정해진 직장에서 자기 일을 성취해 가는 것은 보람 있는 일이다. 한 직장을 오래 다니다보면 성취하는 일도 있고 그만두고 싶을 때도 있다. 오랫동안 계속 일을 하는 분은 중간에 출산 휴가도 있어야 하고 가족의 질병이나 육아문제로 회사에서 쉬어야 할 경우도 생기며 동종업체나 유사업체로 이직하는 경우도 발생한다. 다른 회사로 이직하여 좋은 성과를 올린 경우는 극히 드물고 회사에서 장기 근무한 분들은 성취의 기쁨을 누리고 있다. 지난여름 지방 출장 중에 십여 년 전에 본사에서 상을 받고 내려가 그 다음날 출산을 했던 식구를 만났다. 반가웠다. 지금 그 아이는 중학교에 다닌다고 한다. 좋은 어머니가 회사 일도 잘하고 아기도 잘 키울 것으로 생각한다. 회사 일을 반듯하게 잘하고 애기도 잘 키우면 이를 두고 "성취"라 할 것이다.

한국수필. 2012,11

기업가 정신

바쁘게 뛰던 일자리에서 밀려나 한직에서 새 일자리를 기다리다가 내 스스로 창업을 결심하게 되었다.

'내 사업을 해보자.'
'무슨 업을 할까? 경험 있는 업을 해야지.'
'그러면 제약업? 화장품업?'

그렇다! 10년간 갖은 고뇌로 쌓아올린 경험이 있는 화장품 쪽으로 생각을 굳혔다.

이때 주위에서는 창업을 만류했다. 퇴직금 몇 푼 받은 것 날리지 말고 노후대책이나 하라고 충고하는 사람이 많았다. 평생 월급쟁이가 정년퇴직 할 나이에 창업한다는 것을 걱정해주었다. 잘나가던 직장의 영업 상무에서 적자 기업의 대표 이사로, 그 어려웠던 책무를 감당하고 경영의 정상화를 이룩한 경험을 쌓아왔지만 전문 경영인의 한계를 체험한 것은 내 인생의 전환점에 이르른 것이다.

창업의 결심이 서자 창업 투자회사를 찾아다녔다. 담보가 있어야 투자한다고 했다. 그래서 공장 부지를 구하려고 사방을 돌아다녔다. 외국회사와 기술제휴를 위해 프랑스를 방문하여 직접 교섭에 나섰고, 견본을 찾으려 세관도 직접 뛰어다녔다. 투자자도 구하고 같이 일할 사람도 구해야 했다. 지금 생각하면 허허벌판에 서서 동서남북으로 헤메고 다녔다. 다만 창업한다는 굳은 의지가 나에게는 꽉 차 있었다.

뜻이 있는 곳에 길이 열릴 것인가!

동업하겠다는 사람이 나섰고 함께 일하겠다는 사람도 생겼다. 제조 허가권도 사고 프랑스 회사와 총대리점 계약도 맺었다. 그러면서 내게 새로운 길이 열리기 시작하였다. 벤처라고 하면 인터넷 관련 정보통신사업을 연상하지만, 나는 55세 남들이 정년 퇴직하는 나이에 창업이자 벤처 비즈니스를 시작하였다. 안 되면 어쩌나 하는 불안감이 없지는 않았지만 '하면 된다는 기업가 정신'이 창업으로 재기하도록 이끌었다. 프랑스에서 이름있는 화장품을 수입하여 많은 판매로 수익을 올리는 방법이 있지만 나는 작은 자본으로 제조업을 결심하였다. 창업자본금 1억원으로 30평짜리 사무실에 책상 2개, 전화 1대로 시작했다. 법인 설립 등기를 마친 뒤 50평짜리 공장을 빌려 제조시설을 갖추고 회사설립 4개월 만에 샴푸부터 생산을 시작하였다. 그때의 벅찬 감격을 지금도 잊을 수가 없다. 오늘날 우리나라를 대표하는 화장품 회사로 성장한 코리아나는 그렇게 탄생하였다.

기업가 정신이 강한 자는 기업 경영에서 성공한다.

평생을 기업에 종사하면서 사원에서 오늘의 경영자에 이르기까지 줄기차게 기업가 정신으로 일하고 있다. 경제학자 슘페터는 '새로운 상품개발, 새로운 생산방식이나 기술의 개발, 새로운 시장의 개척, 새로운 조직의 개발, 새로운 제도의 창출 등이 기업가 정신'이라고 말하였지만, 나는 한마디로 기업가 정신이란 "어떻게 하면 회사 발전에 도움이 될까를 늘 생각하고 이를 실천에 옮겨 경영성과를 거두는 것"이라고 사원 교육이나 조회 때마다 당부하곤 한다.

기업 경영에 있어서 종래에는 근면성실한 사람을 선호하였지만 이젠 부지런함은 기본이고 창의력이 뛰어나고 일의 추진력이 강해야한다. 경영규모가 작은 창업기에는 창업자가 하나에서 열가지를 챙겨가며 기업을 키우고 사람을 다스릴 수가 있다. 경영규모가 커지면 부문별로 업무를 맡기게 된다. 경영규모의 확대와 다각화로 전문 경영인 제도가 운영되는데, 여기에 오너경영과 전문 경영인에 의한 경영책임의 논란이 야기되곤 한다. 오너가 경영능력이 투철하고 경영의욕이 왕성하여 책임경영을 충실하게 수행할 수 있다면 가장 이상적인 경영방식이다.

오너가 경영을 맡을 상황이 아니거나 경영능력이 미치지 못하는 경우, 자본과 경영을 분리하여 전문 경영인제도를 채택하는 것이 보편화되어 있다. 많은 대기업들이 전문 경영인에 의하여 운영되고 있으며 그 장점이 널리 인정되고 있다.

하지만, 자본과 경영의 분리를 전제로 한 전문 경영인 제도란 경영대권을 위임받는 경영자가 사심없이 공명정대한 철학과 기업가 정신을 바탕으로 합리적인 사고로 책임경영을 한다. 이때 기업발전의 이상적인 제도로서 그 활용가치가 발휘된다. 만일 그러한 원칙을 벗어난 기업운영을 한다면 엄청나게 그릇된 사태를 초래할 수 있다. 허구성 있는 위험한 제도라는 실패 사례를 옛 기아사태에서 찾아볼 수 있다.

따라서, 제도 운영의 성패는 전문 경영인을 실질 내용면에서 평가하여 공로가 있으면 크게 보상하고 또한 그 책임을 물어 견제할 수 있는 강력한 장치, 즉 대주주의 역할이 있어야 한다. 혹 전문 경영자의 그르침을 미연에 방지하고 전문 경영자가 역량을 발휘할 수 있도록 뒷받침함으로써 주인 없는 회사의 위험성에서 벗어나고 주인 있는 회사로써 건실 경영이 이루어진다면 개인, 기업, 나라의 발전에 크게 이바지할 것이다.

한국수필가연대 제18집 대표수필선. 2013.04

화장하는 남자

평범한 회사원이었던 내가 화장품 회사의 경영자가 되자 생각지도 못했던 여러 난관에 부딪혔다. 화장품은 성능과 가격 등 제품 특성뿐만 아니라 여성의 꿈과 희망, 욕망까지 한데 뭉쳐진 아름다운 브랜딩의 꽃을 피워야 했기 때문이다. 제품 개발, 디자인, 모델 선발 등 다양한 회사의 안건이 있을 때마다 중년 아저씨인 나는 모든 것을 책임져야 하는 '사장'이었다.

생각나면 곧장 실천해야 하는 성미였던 나는 당시 내 집무실에 손님을 위해 준비해뒀던 제품들을 꺼내 하나씩 발라보기 시작했다. 아내의 것 같기도 한, 어느 날엔가 마주쳤던 고운 처녀의 것 같기도 한 향기가 나쁘지 않았다. 내친김에 당시 꽤 좋은 반응을 얻고 있던 머드팩도 듬뿍 발라보았다. 사용법을 몰랐던 나는 씻어내지 않고 서류를 보다 얼굴에서 흘러내린 흙가루를 보고 화들짝 놀라기도 했다. 여자들은 참 고생하고 있었다. 고운 피부결, 밝은 안색이 거저 나오는 것은 아니었다.

'화장'은 곧 여성의 삶이기도 하다. 아름다워지기 위한 여성의 노력을 보면 그

과정도 아름답다는 생각이 든다. 편견에 사로잡혔던 기존의 천편일률적 광고를 확 바꿨다. 톱탤런트였던 채시라에게 머드팩을 잔뜩 발라 얼굴도 잘 알아보기 힘들게 한 상태로 CF를 찍었다. 나의 눈에는 보였다. 머드팩에 가려진 노력하는 여성의 아름다움이. 여성들의 마음을 움직였을까. 머드팩은 날개돋힌 듯 팔렸고 창업 5년 만에 매출 100배인 1,400억의 신장 신화의 주역이 되어주었다.

화장하는 사장은 이내 사내의 화젯거리가 되었다. 몇몇은 파운데이션을 바르고 업무를 보는 나를 보며 웃음을 감추지 못했고, 몇몇은 대놓고 망측스러워하는 표정으로 조심스럽게 우려의 뜻을 표하기도 했다. 그러나 나는 멈추지 않았다. 신제품이 출시될 때마다 매니큐어나 립스틱 등 색조 화장까지 직접 테스트했다. 인터뷰를 할 때면 드러내놓고 파운데이션을 발랐다.

화장을 통해 코리아나 화장품에서 일하는 많은 여성들, 우리 고객들을 더 많이 이해할 수 있게 되었다. 사장의 입술에 발린 립스틱은 그들과 거리낌없는 매개체가 되어주었다. 여성의 마음을 사기 원한다면서 화장조차 경험하지 않는다면 무엇을 알 수 있으랴.

화장하는 남자가 되고 나니 보이는 것이 달라졌다. 화장은 아름다워지려는 인간적 본능에서 비롯되었고, 스스로를 아름다운 존재로 만들어가는 의미 있는 자기확인의 의식이 되기도 한다. 그러니 아름다움을 가꾸는 일, 그것은 그 자체로 아름답다.

나에겐 세 가지 즐거움, 즉 삼락三樂이 있다. '좋은 화장품을 만들어 사람을 아름답게 하고', '기업을 키워 특히 여성들에게 양질의 일자리를 많이 만들어주며', '이익을 많이 내 세금을 많이 내는 것'이다. 요즘 '세금은 남의 주머니에서 나왔으면 좋겠다'라고 생각하는 사람들이 많다던데 다수의 선량한 사람들은 그리 생각하지 않는다고 믿는다. 세금을 많이 내면 또 이것이 많은 사람들에게 복지가 되어 돌아올 것이다. 타인의 이기심을 걱정하며 내 옷깃을 여미지 말고, 타인의 이타심을 믿는 사회가 되길 바란다. 이 또한 화장하는 일과 다르지 않을 것이다.

꽃보다 아름다운 것이 어디 한둘이겠는가. 아름다움을 추구하는 여성의 겉모습에서 시작된 관심은 내면을 가꾸는 아름다움으로 뻗어갔고, 나의 이러한 관심은 전국 3만여 명이 넘는 코리아나 뷰티센터의 여성인력에게도 뻗어갔다. 살고 사랑하고 울고 웃고 화내는 그녀들과 함께 코리아나 화장품은 성장한다.

최근 여성들의 삶은 빠른 속도로 변화하고 있다. 두 몫의 삶을 살며 사회에서 제 역할을 하는 워킹맘처럼 남성 못지않게 책임감과 사명감을 갖고 살아가는 바쁜 현대여성을 보며 화장품 회사를 창업하기를 잘했다는 생각을 다시금 한다.

아직도 나는 화장을 통해 나를 가꾼다. 나를 가꾸는 노력이, 때로 타인에게 더 아름다운 모습을 보이고자 하는 것은 아름다운 욕구로 거듭된다.

수필시대. 2013.09

기업이 나라의 힘

　기업을 경영해보지 아니한 사람이 기업 경영의 어려움과 보람을 알 수 있을까. 1980년대 까지만 하여도 미국의 간판급 기업 GM, IBM, GE, 웨스팅하우스 등 낯익은 이름들이 1990년대에 와서 쇠락의 길로 빠져들었다.

　1984년 〈포춘지〉는 역사상 최대 순이익 66억 달러를 올린 IBM을 가장 존경받는 기업으로 발표하였다. 그런데 최고의 순이익을 기록한 지 10년 만인 1994년 IBM은 역사상 최대의 적자회사로 전락하였다. 무려 88억불의 손실을 계상하였다. 시장의 흐름을 읽지 못하고 대형 컴퓨터에 지나치게 집착하여 개인용 컴퓨터에 투자할 기회를 상실한 결과이다.

　IBM뿐 아니라 세계 최대의 자동차 메이커인 GM, 시어스, 로벅, 코닥, 캐더필더 같은 유명 회사들도 급속히 쇠퇴하고 있다고 한다. 급변하는 기업환경에 능동적으로 대처하지 못한 기업은 한두 해 사이에 그 명성과 관계없이 쇠락의 길로 빠진다. 매년 발표되는 결산공고에서 그 기업의 성장과 쇠퇴를 확인하게 되며 또한 1백대 기업, 1천대 기업의 랭킹에서도 기업의 부침은 냉엄한 현실로 나타난다.

어느 업계나 기업간의 경쟁은 나날이 치열해지고 나아가 외국기업과 국내에서, 국외에서 경쟁하여야 살아남는다. 독창적인 신기술 개발로 일본 전자제품의 신화를 창조한 소니도 위기에 빠져있다. 소니는 반도체 경시와 방만한 영업의 결과, 지난 1994년에 2천억 엔 규모의 적자를 자초함으로써 글로벌 브랜드에서 급격하게 쇠퇴의 길을 걷고 있다. 반면에 삼성이 그 자리를 대신하고 있다.

이것은 남의 일이 아니다. 기업은 성장의 기회를 만들어나가야 한다. 기업을 성장시키거나 쇠퇴하게 만드는 요인이 언제나 기업의 안팎을 둘러싸고 있다.

기업을 성장으로 이끄는 자는 경영자요, 또한 쇠락의 길로 떨어지게 되는 책임도 경영자에게 있다. 기업인들은 소득과 고용을 창출하는 주체다. 즉 기업은 사회에 가치 창조를 수행하고 가치 창조는 국가 사회 발전의 기본인 것이다.

기업인은 상품의 생산, 시장 개척, 기술 개발, 자본축적을 통해 경제를 발전시키는 기능과 역할을 담당하며 사회에 많은 공헌을 한다. 때문에 선진국에서는 기업인이 존경의 대상이 되고 있다.

그러나 우리 사회에서는 기업인을 부정적으로 보는 시각이 많아서 기업인의 의욕을 떨어뜨리고 있다. 과거 일부 사이비 기업인의 정경유착, 특혜, 부패하고 부정한 방법, 투기 등으로 돈벌이를 한 부도덕한 기업 인상이 남아 있는 것이다.

40~50여 년의 길지 않은 경제 개발과정에서 기업의 성장이 각종 지원과 특혜의 소산인 경우를 찾아볼 수 있으며 일부 기업의 부도덕한 형태에서 신망을 잃은 사례가 있다 할 것이다. 그러나 몇 가지 나쁜 사례로 받은 인상 때문에 본능적인 부정적 기업관을 갖는 것은 경계해야 할 것이다.

우리 나라에는 소수의 대기업과 많은 중견기업, 수많은 중소기업이 존재하고 있으며 대기업도 중소기업으로 출발하여 경쟁력을 배양하고 갖은 고초와 난관을 극복하고 오늘의 중견기업 또는 대기업으로 성장할 수 있었다.

중소기업의 시각에서 보면 우리 대기업의 규모가 크다는 느낌이 있지만 치열한 국제 경쟁시대에 살고 있는 현실에서 외국의 대기업과 경쟁하기 위해서는 대응력 갖춘 규모의 기업, 전문성을 갖춘 기업으로 성장되어야 한다.

우리는 무조건 대기업을 탓할 것이 아니다. 중소기업이 힘들게 제자리를 찾아 일어서야 함은 말할 나위도 없지만 대기업이 나서서 중화학공업의 국제경쟁력을 보유하여야 중소기업의 전체적인 입지도 살아나게 될 것이다.

정부는 이제 경제를 살리는 일에 나서야 한다. 규제완화는 윗분들의 말뿐이고 아래에서는 발목 잡는 일이 개선되지 않았다는 소리가 높다. 나라의 앞날이 어두워져도 자기 주의에 얽매인 정당은 국민을 외면하는가. 기업경영이 자율적으로 왕성하게 수행되도록 기업환경의 개선이 요청된다. 2013년 10월 말에 국회에 계류되어 있는 경제분야 주요 법안이 32건이나 된다. 정부는 투자하라면서 세무조사하고, 국회는 경제 민주화 타령만 한다. 기업의 금년 상반기에 투자 진행이 40%뿐이라고 모 일간지는 걱정하고 있다. 기업이 커야 나라가 발전한다.

한국수필. 2013,10

자기 성취의 일자리

최근 취업문제에 대해서 사회적으로 걱정이 많다. 가장 걱정이 되는 것은 학교를 마치고 아직 사회적으로 일자리를 정하지 못한 미취업자에 관한 부분이다.

고용노동부에 따르면, 지난 10년간의 일자리 변화를 살펴본 결과 산업별로 제조업, 교육서비스업, 전문·과학·기술서비스분야의 일자리는 많이 만들어졌다고 한다. 반면에 도·소매업, 건설업, 농업분야에서는 일자리가 줄었다. 업종별로는 관리자나 전문가, 사무분야의 종사자는 늘어났고, 서비스·판매종사자, 농업·어업 종사자는 큰 변화가 없거나 오히려 줄어들었다. 즉, 일자리는 새로 만들어지고 없어지기를 반복하며 끊임없이 움직이고 있다는 것이다.

문제는 좋은 일자리만을 찾는 우리의 갈망과 현실의 괴리이다. 청년 실업률이 10%에 달하는 상황에서, 더 좋은 일자리를 향한 갈망만이 그 어느 때보다 높아지고 있다. 그러나 그런 일자리는 정부가 하루아침에 뚝딱 만들어낼 수 있는 게 아니고, 민간에서 기업투자와 노동이동이 활발히 이루어지면서 서서히 만들어지는 것이다. 정부는 더 많은, 더 좋은 일자리가 만들어질 수 있도록 노동시장

구조 개선을 추진하고 있다. 이런 내용의 정부안이 노동시장위원회에 제출됐고 노동계, 경영계도 나름의 노동시장 구조 개선방안을 제출해 지금 노사정위원회에서 논의하고 있다. 합의안이 도출되면 좋겠다고 하는 시각이다.

유력한 기업에서 고정으로 고용을 해주는 것이 많은 사람들의 희망이다. 하지만 그 외에 자기 노력에 의해서 자기 일을 성취해나갈 수 있는 직종도 경쟁력이 있다. 찾아보면 일할 자리가 많이 있는데 고정직만 고집하다보면 취업에 한계를 느끼게 된다. 나는 일정액의 고정급을 받는 일자리도 좋지만 자기가 일한 만큼 수입을 올릴 수 있는 일자리도 좋다고 생각한다. 그런 분야에서 일했을 때 월간 소득은 자기 성과에 비례하여 받음으로써 자기의 목표달성과 일에 대한 즐거움을 동시에 성취할 수 있는 것이다. 자신이 노력한 만큼 경제적 보상을 받을 뿐 아니라 자기 계발 보상, 근속연수에 관계없이 성과만으로 이루어내는 직급 상승 또한 일반 회사원과는 다르다.

예를 들면, 지방 출신이 아무 연고도 없는 대도시에서 입사 2년만에 부장 직급을 달고 억대 연봉의 삶을 살고 있는 사례도 있다. 이러한 성공 뒤에는 물론 개인의 부단한 노력이 뒷받침되었겠지만 고정직에만 한계를 두고 일자리를 구했다면 단기간에 이루어내기 힘든 성취라고 생각한다.

어느 경우는 "아이고 사장님 저에게 좋은 일이 있습니다. 저희 아들이 제가 과외나 학원을 안 보냈는데도 엄마가 열심히 일하는 것을 보고 스스로 열심히 공부를 하여 이번에 아주 좋은 대학에 입학했습니다. 이것이 다 사장님과 회사 덕분인 것으로 알고 앞으로 더 좋게 성과를 올리겠습니다."는 기쁜 인사 전화도 있었다.

이러한 분들은 자신의 목표를 성취했을 때 경영자에게 개인적으로 전화를 걸어온다.

"사장님 저는 아주 기쁩니다."

"무슨 좋은 일 있으신가요?" 물으면 대답하기를

"저는 자동차를 장만했습니다."

요새는 많은 사람들이 다 차를 가지고 생활하지만 20여 년 전에 자동차를 마련한다는 것은 쉬운 일이 아니었다. 자기가 노력을 해서 축적된 재력을 가지고 차를 마련했을 때의 기쁨이야말로 대단히 좋은 것이다.

그뿐인가. 어떤 분은 20평짜리 작은 집에서 살고 있었는데 회사에 다니면서 돈을 모아 30평짜리 집으로 이전했다.

"사장님과 회사 덕분에 제가 노력한대로 이룩해서 얼마나 기쁜지 모르겠습니다."

이런 기쁨의 전화를 받으면, 그것은 회사의 덕분도 있겠지만 귀하가 열정으로 일을 해주셨기 때문에 얻은 결과로 성취해 나간 것이니 당신 노력의 결과로서 좋은 일이 되었다고 화답한다.

회사는 지금도 30년 가까이 변함없는 제도로 기업을 운영하고 있는데, 여기서 즐거움을 누리고 25~6년간 개근을 하면서 근무하고 있는 성취인이 수없이 많다. 우리 기업 같은 고정급 제도가 아닌 성과급 제도를 통해 개인의 목표를 성취함으로써 소득도 얻고 직업도 얻고 개인이 하는 창업의 효과를 누릴 수 있다고 본다.

우리 회사 품목이 여성이 많이 쓰는 상품이라서 여성 취업자가 많지만 요새는 여성 못지않게 남성취업자도 늘어나고 있다. 반드시 여성이 해야하는 일이라는 고정관념을 버리고 취업에 뛰어들어 높은 성과를 올리는 남성직원들이 많다. 이들은 '남자기 때문에 안된다'는 생각을 버리고 '남자기 때문에 오히려 외모나 나이 등과 상관없이 전문성을 갖추고 더욱 높은 매출을 올릴 수 있다'라고 입을 모아 말한다.

  직장은 고정된 급여가 있어야 한다는 것, 남녀가 따로 할 일이 있다는 것이라는 고정관념을 버려라. 일 할 자리는 언제나 열려있다. 자신의 목표를 세우고, 능력만큼 성취해 나갈 수 있는 일자리에도 관심을 가지고 도전하는 젊은이가 많았으면 좋겠다.

한국수필. 2015.04

그는 성장하고 나는 성취하고

아침 7시. 아주 희한하고 기억에 남는 꿈을 꾸었다. 나무가 하나도 없는 허허벌판인 산속이었다. 언뜻 이 산에 나무를 심고 가꿔 조림造林을 잘 한다면 국가적으로 도움이 되겠다는 생각을 했다. 이 산은 왜 그동안 헐벗고 있을 수밖에 없었을까. 이런저런 생각을 하다 필자와 여러 인연이 있는 동아제약 강신호 회장님을 만났다. 꿈속에서 그는 내가 서 있던 텅 빈 산에 나무 심는 것을 주선하고 여러 인부들을 독려하면서 나무를 심고 있었다. 내가 생각했던 일에 강신호 회장님도 동참하고 있던 것이다. 반가운 마음과 함께 열심히 근무하던 동아제약 시절을 떠올리며 잠에서 깼다.

내가 이 회사에 입사할 때는 소화제인 '생명수'가 회사의 대표 약품이었다. 구매 과장으로 일할 때 원료를 싸게 구입해 원가를 낮추는 방법을 모색했다. 당시 동아제약에서 만든 소화제 '생명수'에 들어가는 생강, 고추, 계피 등은 납품업자들에게서 사들이고 있었다. 그 가격이 시장 가격보다 30% 이상 비싸다는 것을 시장 조사로 알아내고 직접 동대문 시장에서 원료를 구입했다. 구입한 것들을 지게에 지고 나와 공장 창고에 입고시키는 일을 직접 했다. 직거래로 발 빠르게 움직인 결과 '생명수' 원가를 30%까지 낮출 수 있었다.

'생명수'에 들어가는 주정을 싸게 구입할 방법이 없을까도 고심했다. 차를 타고 가면서 법전에서 주세법을 찾아 읽다가 공업용 주정은 주세酒稅가 면제된다는 것을 알게 되었다. 주정을 희석해서 소주로 팔 수 없는 형태로 변성하면 면세가 가능하다는 것이다. 그래서 양조시험소 직원을 주정 공장에 대동해 입회하고 주정 드럼에 고추, 계피를 투입한 변성 주정을 구입, 회사 창고에 입고시켰다. 세무서에 입고 신고를 하고 사용 보고서를 제출하니 고율의 주세를 감면받을 수 있었다. 그 결과 '생명수'의 원가가 더욱 절감되었다. 원가를 줄이는 것이 이윤을 많이 남기는 것이다. 학교에서 배운 이론을 토대로 생각해낸 방법이 바로 면세 주정이었다.

필자는 박카스에 대한 애정이 누구보다 남다르다. 1959년 동아제약 공개 채용 1기로 경리과로 입사해 구매과장, 관리과장, 기획 관리실장, 이사, 영업 상무이사, 자회사 대표이사까지. 동아제약의 말단 사원에서부터 임원까지 오르며 박카스를 동아제약의 대표 상품으로 성장시켰다.

박카스는 초창기 정제, 앰플 형태로 개발해 현재는 우리가 흔히 아는 드링크로 판매되어왔다. 음료수로도 마실 수 있고 동시에 몸에 도움을 주는 성분을 섭취할 수 있어 지금까지도 대한민국 대표 자양강장제로 사랑받고 있다. 피로회복물질인 타우린과 함께 카페인이 함유되어 있어 버스·택시 기사들 사이에서 인기였다고 한다. 이런 훌륭한 제품을 개발하신 분이 동아제약의 강신호 회장님이시다.

박카스는 '활력을 마시자', '승리는 체력에서'라는 광고를 통해 많은 사람들에게 알려졌다. 드링크제가 유행함에 따라 여러 제약회사와 의약품 도매상들이 너도나도 드링크제를 개발·판매해 소비량이 점차 늘어났다. 세입이 적었던 정부는 드링크제에 물품세라는 명목으로 30%의 세금을 부과했다. 공급 2~3개월 후 수금하는 제약회사의 수금 관행이 있었지만 판매금액의 30%를 출고한 다음 달 10일까지 현금으로 납세해야 했다. 이렇게 정부 정책이 급격히 바뀜에 따라 제약 회사들은 과다한 물품세를 현금으로 내면서 영업하기가 힘들어졌다. 결국 돈이 부족한 제약회사들이 제조 판매를 중지한 반면 동아제약은 업계 수위 기업이어서 여러 유명 모델을 기용해 광고하며 '박카스'라는 이름을 사람들에게 알렸다. 박카스 드링크에 대한 선호가 높아지자 시장점유율도 점차 확대되었다.

그 당시 박카스 제조는 모든 것이 수작업으로 이루어졌다. 박카스 원료를 큰 탱크에 넣고 혼합해 드링크 액을 만들었고, 고무호스로 직접 병에 주입한 후 방망이로 플라스틱 마개를 두드려 포장했다. 사람들은 오전에 만든 박카스를 그날 오후에 사 먹을 수 있었다. 그런데 문제는 생산이 수작업이니 수요량을 맞추지 못했고 공급이 한정적이었다.

1966년, 산업 시찰 차 일본을 찾았다. 동아제약과 기술 제휴를 맺은 대정제약 드링크 공장을 방문했다. 그 공장은 일본 전체의 엄청난 산업 발전으로 인해 자동생산시스템을 갖추었다. 1분에 500여 개의 제품을 생산해내는 것을 보고 이것을 한국에도 도입해야겠구나 싶었다. 그 후 강신호 회장님도 일본에 출장 다녀온 후 느끼신 점이 있으셨는지 박카스 자동화시설 공장을 만들기 위한 이사회를 열었다.

"완전 자동시설을 들이시죠." "설치 장소가 좁잖아."

"공간을 신축하시죠." "자금이 있어야지."

"대출을 받아야지요." "자네가 받을 수 있다면 안양공장 건설을 맡아봐."

갓 서른이 되었을 때 기획관리 담당자로서 공장 부지로 쓸 토지를 사기 위해 안양 지역의 땅주인을 찾아다녔다. 수소문 끝에 사업계획서를 가지고 한국개발금융이라는 회사에 찾아가 박카스 공장 건설을 위한 융자를 어렵게 받아냈다. 그 결과 안양공장을 건립한 자본을 확보할 수 있었고 박카스 공장 건설 본부장이라는 직책을 맡았다. 79명의 거래 계약으로 5만 평의 논밭을 사고 자동생산기계를 도입해 박카스 자동생산 공장을 완성시켰다. 지금 생각해보면 당시 융자를 받아 자동생산 공장을 완성한 것은 기적 같은 일을 해낸 것이었다. 많은 소비자들이 박카스 제조 과정을 눈에 담기 위해 안양에 있는 공장을 견학하러 왔다.

1970년이 되자 박카스 매출이 갑자기 하락했다. 그 원인을 알아보니 물품세로 인한 가격 차이로 매출이 감소한 것이다. 당시 경쟁업체는 박카스와 비슷한 제품을 판매했었는데 이 제품은 30%의 물품세를 내지 않고 운영되었다. 또한 물품세를 내지 않고 광고를 늘리니 경쟁 제품은 판매량이 급격하게 늘고 박카스의 판매량은 부진했다. 나는 이 상황을 알고 난 후 국세청과 보건사회부에 문의했다. 이 문제가 발생하게 된 이유는 보건사회부 약정국장이 국세청에 물품세 과세품 허가 내용을 알리지 않았음에 있었다. 이 내용이 일파만파로 퍼지자 경쟁업체는 내지 않은 물품세를 소급해 납부해야했고 이 사건 때문인지 그 업체는 문을 닫고 말았다. 사필귀정이라고 해야 할까.

박카스의 매출액이 2015년 2009억 원, 2016년 2,122억 원으로 꾸준히 2,000

억 원대를 넘기고 있다는 기사를 보았다. 동아제약에서 20년, 라미화장품에서 10년. 30여 년의 젊은 청춘을 기업가 정신으로 일해왔다. 박카스를 성장시키던 나의 젊은 시절은 오랜 시간이 지난 지금까지도 생생하다. 박카스를 성장시키는 데엔 많은 분들의 노력과 함께 나의 젊은 시절도 고스란히 녹아있다. 나의 집무실에 놓인 박카스를 오시는 손님과 함께 마실 때마다 그 시절을 회상하곤 한다. 그래서 강신호 회장님을 꿈속에서까지 만나나 보다. 오래전 함께 일해왔던 분을 꿈속에서 만나는 삶을 살고 있다.

PEN문학. 2018.01

바쁜 일상일수록 가까운 사람들과 함께 근처 공원 산책이나 박물관 관람 등 소소한 행복의 감정을 소홀히 여기지 않고 생활하기를 바라는 마음이다.

-「휴일을 즐기는 모습」중에서

7부
다니고

다시 찾은 경주 옛 문화

지난가을에 친구 셋이서 일본 오사카 여행을 계획했다가 일본의 화산이 폭발로 이런 때 관광 가는 것이 좋지 않겠다 생각되어 취소했습니다. 국내의 다른 여행지를 찾던 중 경주를 오랜만에 다시 가보는게 좋겠다고 생각했습니다. 지난 10월 초 우재와 더불어 집에서 아침 9시에 경주를 향해 출발했습니다. 내 차로 가게되어서 어렵지 않게 가기는 했지만 장거리라서 나이 먹은 사람들이 무리하면 안 되겠다 싶어서 몇 군데 휴게소에서 쉬었다 가다 쉬었다 가다 반복하며 경주에 도착했습니다. 그러고 보니 아침밥도 제대로 먹지 않아서 예전에 아침으로 해장국을 먹었던 기억이 떠올라 천마총 밑에 해장국 거리를 찾아갔습니다. 육가정이라는 집에서 해장국을 먹었는데 묵사발을 넣어 만들어서 특이했습니다. 해장국집에서 나와보니 황남빵 만드는 본점이 있어서 가보니 한 박스에 4,000원이었습니다. 맛을 보려고 하니 한 개에 800원이랍니다. 왠만한 곳에는 자꾸 먹어보라고 하는데 그걸 돈을 받으려고 하니 기분은 상했지만, 결국 돈을 주고 먹어보니 맛은 있었습니다.

아침을 먹고 신라 시대의 김유신묘를 찾아갔습니다. 묘는 잘 가꾸어져 있었고 크기가 엄청 컸으며 밖으로는 돌로 둘레석을 해놓았습니다. '자축인묘진사오미신유술해子丑寅卯辰巳午未申酉戌亥'라고 동물 모습의 각을 해서 새겨 넣은 좋은 입석이었고 입석 밖으로는 바닥에 돌을 깔고 입석을 36개의 기둥을 세워서 또 한 바퀴 돌로 둘러놓았습니다. 둘레석 한 겹만 하는 것보다 두 겹으로 해서 기둥을 세워놓으니 꽤 위엄이 있고 조율이 맞아서 좋은 묘라고 생각을 했습니다. 그리고 1.5m짜리 상석에는 '개국공순충열흥무왕릉開國公純忠烈興武王陵'이라고 써놓았습니다. 김유신 장군의 공로에 대해서 신라 사람들이 그 당시에 만들었는지 그 뒤에 만들었는지는 모르겠으나 좋은 묘를 만들고 지금까지 잘 가꿔나가고 있다는 것을 알 수 있었습니다.

그 위로 가니 당시에 같이 삼국통일에 기여했던 김춘추의 능이 있었습니다. 김유신 장군의 묘와 비슷하게 만들었는데 거기에는 비각이 있고 큰 잔디밭이 깔려있고 외부로는 오래된 소나무가 심어져 있습니다. '태종무열왕릉'이라고 적혀있고 사적 20호로 정해져 있습니다. 태종무열왕릉하고 김유신 장군 묘, 두 묘가 한 지역에 있는데 엄청난 규모로 잘 보존이 되어있었습니다.

그날 저녁에는 최부자 집 옆에 있는 요석궁에 가서 서울에서 오래 알고 지내던 분, 경주에서 일하시는 분을 초대해서 셋이서 같이 저녁을 먹었습니다. 그 식당은 아주 유명한 곳으로 식당 안에 들어가 보면 정말 고색이 창연합니다. 정원에는 엄청나게 오래된 소나무가 다른 꽃나무들과 잘 어울려 심어져 있습니다. 음식도 경주를 대표하는 신라 음식이 준비되어 저녁식사를 맛있게 하고 담소를 나누었습니다.

그 다음 날은 고적을 찾지 않고 경주에서 가까운 울산의 회사 사업국에 찾아갔습니다. 울산에는 사업국이 5개가 있는데 국장 5명, 그 밑의 지부장, BC 사원 등 여러 명이 일을 하고 한 달 실적이 1억 5천 정도 되니 괜찮은 지역입니다. 울산은 옛날보다 많이 발전을 한 공업도시입니다. 기업가 정신이 투철한 고故 정주영 회장이 만든 자동차 생산이 세계적으로 4~5위 정도로 발전한 현대자동차 생산 지역이고, 배도 만들어서 세계적으로 선박 생산 1위 지역으로 부상한 유명한 세계적인 공업도시입니다. 따라서 인구가 많이 늘었을 뿐만 아니라 소득도 올라가서 이제는 대한민국에서 가장 소득이 높은 지역으로 알려져 있습니다. 울산에서 한 시간 반 정도 교육을 하고 사진도 찍어주고 그 지역에서 일하는 식구들에게 점심 대접도 하였습니다.

경주로 오면서 그 전에 봤던 괘릉을 봤습니다. 괘릉은 좋은 능이었으며 십이 지상으로 둘레석을 둘렀고 안팎으로 36개의 석주를 세워서 이중으로 석물을 해놨습니다. 능 뒤에는 야산이 있고 앞으로는 물이 흐르고 소나무 숲이 잘 자라고 있어서 좋았습니다. 입구에는 석물이 있는데 네 개는 사람 모양의 석물인데 둘은 한국인의 모습이고 둘은 중앙아시아 사람의 모습이어서 그 두 분이 그 당시에 중앙아시아 쪽에서 들어왔던 사람이라고 생각이 들었습니다. 그 옆에 돌이 두 개씩 양쪽에 4개가 있는데 보물로 지정이 된 귀한 석물입니다. 그 석물은 짐승의 모양을 하고 앉아있는데 하도 오래된 것이어서 보물로 지정이 됐다고 보고 있습니다.

그리고 그날 천마총에 갔습니다. 천마총 안에 옛날 능을 발굴해서 나온 유물들을 전시해 놓았습니다. 유물을 보고 나와서 국립경주박물관을 찾아갔습니다.

박물관에서는 신라시대의 유물 특별전을 하고 이었습니다. 구석기 시대의 유물도 있고 신석기 시대의 토기, 석검, 동검, 오주전, 귀걸이, 반지, 철동검, 쇠검, 쇠뿔손잡이 항아리, 그릇받침, 쇠고리, 잡옷, 쇠물꺼짐, 수정목걸이, 자색목걸이, 오리형 토기, 각종 토기, 고검, 금구슬, 금발이, 금목걸이, 금판, 토기들, 장경호, 금의식, 큰 거울, 각종 토기, 사각물 이런 것들이 진열되어 있어서 좋은 유물들을 거기서 많이 봤습니다.

저녁에는 안압지를 가기 전 분황사지를 갔습니다. 분황사지는 534년에 지은 절로 모전석탑이 있습니다. 탑은 3층으로 되어있고 아래쪽에 문이 4개 있는데 그 문가에는 역사가 두 분씩 8분의 금강역사가 있고 사각으로 돼 있는 터전의 4마리의 석상이 있는데 아주 인상적으로 생겼습니다. 지금은 가을철이 돼서 분황사 국화가 잘 피어있었습니다.

안압지 앞에는 꽤 큰 연못이 있고 그 옆에 큰 정자가 있습니다. 그 정자에 들어가보니 얼마전 안압지 연못에서 건진 유물을 전시하고 있었습니다. 여러 가지가 나왔는데 주로 그 당시에 신라 사람들이 쓰던 것들입니다. 토기가 주로 많이 나왔고 수막새기와도 나오고 나무로 된 목간, 동물 뼈도 여러 개 나왔습니다. 그리고 금동으로 된 용머리도 나왔고 벼루, 가위, 손 칼, 자물쇠, 청동거울, 금동물살팔불, 입상의 좌상, 판불, 금동가위, 삼날, 가위, 자귀, 총, 말걸이, 낫, 투구, 재갈, 털, 납석, 뚜껑, 대접, 주령추목걸이, 동금옷걸이, 용머리 장식, 큰 도끼, 토병 등 이렇게 여러 가지 발굴품이 거기서 나와 안압지의 비각에 진열되고 사진도 있어서 흥미있게 보게 되었습니다. 거기서 출토된 것은 신라시대의 일반 사람들이 경주에서 살면서 안압지에다가 버린 것으로 그 당시에 사람들의 생활상을 알 수 있는 기구들이 출토됐다고 하는 데 매우 의미가 있는 것입니다.

그날은 경주지역의 여러 가지 유적을 많이 보고 힐튼 호텔에서 숙박을 했습니다. 힐튼 호텔은 경주의 관광지역에 위치해 있고 그 주변에 호수가 있고 호텔 주변에 각종 나무도 심겨져 잘 가꾸어져 있습니다. 아침에 산책 삼아 호텔 주변을 한 바퀴 돌면서 볼 것이 많은 고도시에 현대식 호텔이 있어서 의미가 있다고 생각했습니다.

다음날 오전에는 불국사를 갔습니다. 대웅전에 부처님이 계신 것은 예나 지금이나 마찬가지지만 절 마당에 있는 두 개의 탑 중 다보탑은 그냥 서 있고 석가탑은 헐어놓았습니다. 대웅전에 갔더니 석가탑에서 사리가 나왔는데 뒷편의 절에서 전시를 하고 있다고 합니다. 뒷편의 절로 가서 사리를 구경했습니다. 실물은 작은 입자에 불과한데 현미경이 있어 크게 확대해서 봤습니다. 1500년 정도 오래된 사리를 봤다는 것은 매우 의미있는 일이라고 생각합니다. 불국사는 예나 지금이나 마찬가지로 잘 가꿔져 있고 불국사를 찾는 관광객들은 한국사람, 외국사람 할 거 없이 엄청나게 많았습니다.

불국사를 보고 출발해서 서울로 올라오면서 평소에 찾아가고자 했지만 그동안 회사 일에 바빠서 경주로 대구로 포항으로 다니면서도 가지 못했던 조상의 묘를 찾아갔습니다. 옛날의 포항 영일군이었는데 지금은 포항시 기계면 미현리로 바뀌었습니다. 신라시대에 크게 벼슬을 하고 후손을 많이 남긴 시조묘가 거기 있습니다. 그 묘를 이번에 온 김에 찾아가면 좋겠다 싶어서 방문하였습니다. 유삼재라고 하는 어른의 산소인데 저도 그 후손들의 한 사람으로서 성묘를 갔습니다. 그분의 후손은 대게 기계 유 씨가 많고 저는 무안 유 씨입니다. 무안 유

씨도 그 후손이긴 하지만 고려 때 무안부원군을 지낸 어른의 후손으로서 그 이름을 따서 무안 유 씨로 파를 바꾼 것입니다.

미현리 아래쪽에 재실이 있는데 거기까지는 차가 들어가고 산소는 산 위로 올라가야했습니다. 차에서 내려서 재실에 있는 안내원의 안내로 올라갔습니다. 요새 내가 걸음걸이가 불편하지만 그래도 평생을 별렀던 삼재할아버지의 산소는 올라가봐야되겠다 싶어서 오르니 그 거리가 1.5km가 되더군요. 젊어서야 별 것도 아니지만 요새는 나이가 드니 높은 데 올라가거나 산을 오르내리는게 불편합니다. 그래도 조상묘를 찾아왔으니 힘들게 힘들게 올라갔습니다. 올라가보니 그 산소 자리가 아주 좋은 자리였습니다. 산소도 잘 가꾸어져 있고 묘비, 상석도 갖춰져 있었습니다. 거기서 보니 좌측, 우측으로 산이 내려가 있고 멀리 보면 안산이라든지 둘러있는 야산들이 쫙 있어서 정말 이 할아버지의 묘자리를 잘 잡았다는 생각이 듭니다. 그리고 그 묘가 잘 가꾸어진 것은 조선시대의 후손 중에서 그쪽 관리로 나갔던 분이 선대의 묘를 많이 보수 했기 때문에 잘 보존이 됐다고 생각합니다. 유치웅 씨라는 분이 종사 일도 많이 하시고 서예가로서 글씨도 잘 쓰셨는데, 할아버지 묘 상석에 좋은 글씨로 묘지를 형성해놨다고 생각이 들어 아주 감회가 깊었습니다.

내려가서 관리자를 만났더니 과거에 유 씨네 우물이 있었다고 합니다. 묘지에서 조금 내려가니 우물이 하나 있더군요. 지금 우물이 있는게 아니라 우물이 있던 터에다가 작은 집을 하나 지어놓고 비석을 하나 세워서 옛날에 유 씨네가 쓰던 우물이라고 써놨습니다. 거기서 벌써 오후가 되어 여행을 마치고 내 승용차로 서울로 올라왔는데 내려갈 때보다 올라올 때는 속도가 나서 편한 귀갓길이 되었습니다. 친구와 같이 여행을 하여 좋은 여행, 뜻깊은 여행이 되었다고 생각을 합니다.

PEN문학. 2014.12

경순왕릉을 찾아서

신라는 삼국을 통일하여 천년 동안 한반도를 다스렸지만 말년에는 국가가 다스려지는 힘이 약해서 후삼국 시대라고 하는 어려움을 당했습니다. 후삼국 시대는 후고구려의 궁예와 후백제의 견훤이 신라와 후삼국 시대라고 했는데 그때에 고려를 창건한 왕건이 송도에서 힘을 길러 신라와 삼국을 통일하게 됩니다. 그 무렵 신라는 오랜 역사를 길러왔음에도 불구하고 경순왕 때는 국력이 많이 쇠약해서 신라가 일어나서 전쟁을 해봐야 왕건이나 견훤을 당할만한 힘이 없음을 깨달았습니다. 경순왕은 그 당시에 나라를 세울만한 사람이 왕건이라고 믿었습니다. 그래서 자진해서 왕건을 찾아가서 국가를 왕건에게 헌납하였고, 왕건은 경순왕의 태도에 크게 감명을 받아 신라는 전쟁 없이 고려의 나라로 흡수되게 됩니다. 그래서 태조는 경순왕을 맞아 정승공正承公에 봉하고 경순왕은 낙랑공주를 왕건에게 출가시키고 송도에서 여생을 편안하게 지냈습니다. 그가 작고한 후에 신라에서 왔던 신하들은 신라의 수도였던 경주로 장례를 모시고자 준비를 하였습니다. 그러나 고려는 경순왕이 신라로 가면 신라에서 온 후속들이 따라가서 분란을 일으키지 않을까 염려되어 백 리 밖으로 나가서는 안된다는 안을 냈습니다. 결국은 개성에서 멀지 않은 곳에서 경순왕의 장사를 지냈습니다. 경기 연천군 장남면 고랑포리라는 곳에 능을 모셔 경순왕릉이 생겼습니다.

그런데 경순왕릉은 6·25전쟁때 여러 가지 어려움이 있어서 찾아내지 못했다가 얼마 전에 자리를 찾아내어 지금과 같이 잘 정리해서 모시게 되었습니다. 제가 경순왕릉을 가서 보니 언덕 위에 능을 정리하고 그 앞에 돌로 된 석물이 몇 점 세워져 있고 그 능 가로는 철조망이 쳐져 있는데 철조망 밖으로 나가면 지뢰가 많아 매우 위험하였습니다. 그 능 주위의 지뢰를 다 파내고 철조망으로 장치를 해서 일반인들이 경순왕 묘역을 답사하는데 안전하도록 장치를 해놓았습니다. 그리고 왕릉 앞에는 잔디밭을 넓게 마련을 해서 많은 사람들이 단체로 묘역을 찾는다 하더라고 위험하지 않도록 잘 가꿔져서 있습니다. 그리고 그 당시에 왕릉 표시를 했던 묘비가 있습니다. 주재 군인들이 어렵게 찾아내서 비각을 능 아래에 세워놨습니다. 그 비에 있는 글자는 천년이 넘은 비각이기 때문에 잘 보이지 않습니다. 그 비를 찾았을때 보이는 글 몇 자만 남아있었습니다. 전문가의 감식에 의해서 경순왕비라고 하는 것이 판단이 되어 현재는 비각 안에 잘 보존되어 있습니다.

그리고 왕릉에서 조금 내려오다 숭의전을 찾았습니다. 고려 태조가 왕래할 때 머물던 곳이라고 합니다. 그곳에 비각을 세우고 고려 태조를 비롯해서 고려조에서 공헌을 많이 했던 분, 즉 태조가 건국할 당시에 역할을 했던 홍유·배현경·신숭겸·복지겸·박술희 다섯 분의 위패가 있고 그 다음에 고려조에서 큰 공헌을 한 윤관 장군이라던지 김방경 장군, 몇 사람의 위패가 모셔져 있는 것을 보았습니다. 후손들이 선대의 공로가 있었던 분의 위패를 모셨다고 하는 것은 자랑스러운 일입니다. 그런 역사적인 사실을 후대에 존속적으로 보여주도록 보존을 하는 것은 잘된 일이라고 생각이 됩니다. 경순왕묘를 이리저리 둘러보고 옛일을 돌아보면서 옛날에도 현대와 마찬가지로 국가가 힘이 있으면 큰 나라로 세상을 끌고 나갔지만 국가가 힘이 없으면 힘 있는 나라에게 존속되어 국가가 쇠망하는 일이 있었다고 하는 것을 경순왕릉을 보면서 깨닫게 되었습니다.

옛날에도 그랬고 근대에도 징비록에 나오는 것을 보고 있는데 일본이 한국을 우습게 보고 1592년에 쳐들어와서 조선이라고 하는 나라가 여러 가지 어려움을 당했고 한편으로 명나라의 원조를 받아서 일본을 물리쳤을 뿐만 아니라 명장 이순신 장군이 일본 해군이 서역으로 북상하는 것을 방어해서 그 덕분으로 조선이 일본을 물리칠 수 있었습니다.

이 경순왕릉을 찾아보면서 경순왕께서 세력이 강한 고려의 왕건 태조에게 국가를 바침으로써 자신의 안녕도 도모했을 뿐만 아니라 전쟁을 피했기 때문에 많은 백성들이 죽음과 생활난을 겪지 않고 편안하게 지냈다고 하는 것에 대해서는 경순왕이 영예보다는 백성의 안전을 도모했다는 점에서 굉장히 잘했다고 생각합니다. 앞으로도 국가가 이런 안녕 질서에 대한 생각을 가지고 살아나가는 것이 더욱 영예로운 것이라고 생각을 해봅니다.

계절문학 가을호, 2015.07

휴일을 즐기는 모습

예전과 달리 세상은 점점 빠르게 변하고 있다. 너 나 할 것 없이 서로 경쟁하듯 빠르게 달리고 있는 일상에서 '휴일을 즐기는 것'은 어느덧 부러움이 되는 시대가 되었다.

지난 5월 정부 정책에 따라 임시공휴일이 시행되었다. 나와 비슷한 연배의 노년층의 경우 임시공휴일이 일상에서 크게 벗어나지 않는 사건이지만, 경제활동의 주축이 되는 젊은 세대의 경우 이렇게 예정에 없이 생긴 휴일 연휴를 즐기는 모습이 제각각이었을 것이다.

젊은 청춘들과 달리 80대에 접어든 나와 내 친구들이 누리는 휴일의 즐거움은 삶의 경험과 연륜으로 더해진 여유가 있으니, 젊은 세대들과는 또 다른 모습으로 휴일을 즐기고 있다. 친구들과 모여 5월을 지낸 이야기를 나눠보며 이런저런 생각을 하게 되었다.

평생 교수를 지낸 내 친구는 지난 연휴에 아들 내외, 손자와 함께 9일간의 해외여행을 다녀왔다고 한다. 임시공휴일 덕분에 직장과 학교에 다니는 아들, 손자들과 시간을 맞출 수 있어서 행복했던 것은 물론, 3대가 함께 여행을 다니니 가족의 돈독함과 보람도 함께 느꼈다고 했다.

같이 얘기를 나누던 다른 친구는 부인과 함께 가까운 수목원을 찾아 나선 김에 설악산을 거쳐 휴전선 부근까지 갔다가 돌아왔다고 한다. 그 친구는 남이 이끄는 데로 짜인 일정에 따라간 것이 아니라 자유롭게 마음이 가는 데로 했던 여행이라 더욱 뿌듯하고 좋았다고 했다. 아직도 운전을 하며 먼 곳까지 다녀오며 즐거운 날을 보냈다는 것에 대단하다는 생각이 든다.

연휴기간에 뉴스를 보니 연휴라 지방도로가 정체되어 많이 불편할 것 같아 지방으로 나들이를 가지 않고 집 주위 산책로를 따라 산책하며 시간을 보냈다는 한 친구는, 예전에는 어머니나 할머니가 아기를 업어서 돌보았는데 이제는 시대가 변하여 젊은 어머니들이 아기를 유모차에 태워 걷는 것을 보며 사회가 많이 발전하였고 행복해졌다고 본다.

우리나라가 발전하여 국민 소득이 증가하고 인구도 늘었지만, 젊은 사람들이 한 명 내지 두 명으로 출산을 하고 만다. 심지어 아이를 낳지 않거나, 늦도록 결혼을 하지 않고 지내는 사람들도 많아져 인구가 줄고 있다. 인구 구조가 바뀌어 노인 인구는 늘고, 생산성 있는 젊은 사람은 줄어들면 국가 발전이 걱정된다. 아이 어머니에게 "왜 아이를 하나만 낳았죠?"라고 물으면, "아이를 키우는데 교육비도 많이 들고 가정형편에 무리가 가기 때문에 하나만 낳고 잘 키우고 싶어서요."라고 답한다. 우리나라가 좁은 땅이기는 하나 열심히 살면서 발전해왔기 때문에, 국가 경쟁력을 키우려면 아이가 많아졌으면 좋겠다.

나는 지난 석가탄신일이 있는 주말에 용산에 있는 국립중앙박물관을 찾았다.

연휴를 맞아 가족과 함께 박물관을 찾은 관람객이 많았다. 특히, 많은 관람객이 박물관 중앙 전시실에 있는 국보 제86호 경천사지 10층 탑 주변에서 탑의 크기와 아름다움에 놀라고 있었다. 이 탑은 원래 개성의 경천사지에 있던 유물이었으나, 무단 해체와 일본 반출, 방치 등 부침을 겪다 국립중앙박물관이 용산으로 이관하면서 지금 위치에 설치되었다. 또 다른 전시실에는 고려 때 제작된 큰 괘불이 걸려있었다. 괘불은 석가탄신일에 절을 찾아오는 많은 신도의 기도를 위하여 사찰 마당에 내 거는 것이다. 크기가 커서 쉽게 볼 수 없는 유물인데 박물관에서 볼 기회를 만나서 좋았다. 석가탄신일에 절이 아닌 박물관에서 많은 불교 문화재를 만날 수 있는 점이 새로웠다.

박물관 2층에 올라가면 기증유물 전시실이 있다. 그동안 국립중앙박물관에 유물을 기증한 기증자의 기록과 기증 유물이 함께 있다. 관람하면서 한 점 한 점 정성스럽게 평생 모은 귀한 문화재를 기증한 분들께 존경과 감사하는 마음이 저절로 드는 시간이었다.

나는 휴일에 자주 미술관과 박물관에 가 보는데, 십여 년 전부터 박물관에 어린이 관람객이 상당히 많아진 모습이다. 박물관에서 어린이들이 문화재나 역사를 이해하기 쉽도록 다양한 체험교육을 하고 있어서 가족이 유익한 시간을 보낼 수 있기 때문이 아닌가 싶다. 가족이 문화재를 관람하면서 역사나 문화, 생활 방식에 대해 자연스럽게 대화를 나누며 교육도 할 수 있고, 문화적 소양도 키워나가니 역사 교육과 인성 교육이 자연스럽게 이뤄질 수 있을 것이다. 또한, 박물관의 기념품점에는 국보, 보물을 본떠 만든 도자기나 사진, 그림들도 팔고 있다. 적은 돈으로 미술품을 소장할 수 있으니 이보다 더한 호사가 어디 있을까.

가족이 시간을 맞추어 함께 휴일과 여가를 즐기기 어려운 시대이다. 그러나 다행히 최근 들어 도심 가까운 곳에 공원과 박물관 등 문화시설이 증가하고 있다. 바쁠수록 돌아가라는 말이 있듯, 바쁜 일상일수록 가까운 사람들과 함께 근처 공원 산책이나 박물관 관람 등 소소한 행복의 감정을 소홀히 여기지 않고 생활하기를 바라는 마음이다.

한국수필. 2016,06

어릴 때를 돌아보며, 꿈에 본 옛 고향

가끔 아버지 손을 잡고 학교에 가는 꿈을 꾸곤 한다. 집에서 십 리나 떨어진 대치초등학교에 입학하는 날, 아버지가 좋아하시며 환하게 웃는 모습이 선명하다. 꿈 덕분인지 70년도 더 지난 그날의 기억이 남아있다.

내가 초등학교에 다니던 시절은 일제강점기라 1학년 때 담임으로 다케바야시 선생님을 만난 후, 6학년 졸업 즈음까지 일본인이 담임선생님이었다. 그중 특히 4학년 때 담임인 구니모토 선생님이 기억난다. 어느 날 구니모토 선생님은 나를 불러 '상옥아, 너는 공부를 더 잘할 것 같은데 노력을 안 해서 성적이 올라가지 않는 것 같다. 자질이 있어 보이니 잘했으면 좋겠다.'라고 당부하셨다. 그날 이후 나는 내가 노력하면 좋은 성적을 낼 수 있다고 생각하여 열심히 공부했던 것 같다.

하지만 당시는 총독부의 전시체제령에 따라 학교에서도 전쟁 물자 공수를 위해 공부를 젖혀두고 전시 물자 동원에 동참해야 하는 경우가 많았다. 이와대 교장선생님은 그 당시에 전쟁 말기가 되어 양식이 많이 나와야 한다는 일본 정책에 따라 운동장을 파서 거기다 고구마를 심었다. 그 딱딱한 운동장을 파는 것이 우리 학생들의 힘으로는 매우 어려워서 이와대 교장선생님이 곡괭이로 운동장을 힘 있게 파시던 기억이 난다. 당시에는 학교에서 퇴비를 생산해야 한다는 목적으로 집에서 풀을 베어 등에다 짊어지고 학교에 가서 퇴비용으로 풀을 모으고, 또 마을에 산을 개간하였다. 학생들이 공부를 젖혀두고 개간을 하는데 투입되기도 했고, 그해 겨울에는 저수지를 판다고 겨울에 학생들 대신에 학부형들이 나가서 저수지 공사를 한 적도 있다. 또한, 농작물을 공출로 빼앗기는 경우가 많아서 점심 도시락으로 누룽지를 싸 오거나, 이것조차 어려운 아이들은 우물물을 마시면서 점심시간을 지내기도 했다. 이렇게 어려운 초등학생 시절을 보내고 6학년이 되던 해에 광복이 됐다. 일본 선생님들은 다 떠나고 명재순 선생님이 교장으로 오셨다. 나는 명 선생님께 우리의 역사와 한글을 배우고 졸업했다.

 나이가 들어 잊어버릴 법도 한데, 아직도 나는 고향에서 지내던 어린 시절의 꿈을 꾼다. 농촌에서 어린 시절을 보낸 나는 사계절 내내 들과 산에 자라나는 여러 가지 풀과 과일을 먹던 추억이 있다. 이른 봄 길가의 삐비(띠)를 따서 먹어보기도 하고 달콤하고 좋은 맛이 났던 찔레의 새순을 뜯어 먹기도 했다. 또, 밭둑의 햇쑥과 뒷산의 진달래 잎을 따다 쑥떡이나 화전을 만들어 가족들과 나눠 먹었다.

 우리 집에는 감나무, 대추나무, 오얏나무, 호두나무 같은 유실수가 있어서 때에 따라 과일을 즐겨 먹었다. 학교에서 돌아오면서 오얏을 따먹고, 빨간 대추나무에도 올랐다. 집 뒤에 속소리 감나무도 있었다. 우리 집은 농가여서 오이, 수박, 가지, 감자, 고구마 같은 것을 풍성하게 먹을 수 있어서 계절에 따라 갖은 먹거리를 먹으며 자랐다.

또한, 집에서는 그 시절 대부분 농가처럼 소·닭·돼지 등 여러 가축을 키웠다. 매일매일 가축의 먹이를 챙겨 주는 일이 어린 나에게는 힘들고 큰 일이었는데, 돌이켜 생각하니 그것도 하나의 추억으로 남는다. 가축 돌보는 것 이외에도 나는 어려서 토끼를 길러 본 적이 있었다. 토끼가 새끼를 낳을 때마다 새끼 토끼가 그렇게 귀엽고 예뻐 같이 놀던 기억은 아직도 생생해서 웃음이 저절로 난다.

아랫마을에 사셨던 할아버지께서는 한학자이셨는데, 둘째 아들인 나의 부모를 외마루로 분가 시켰다. 제사나 명절 때 할머니가 계신 큰댁으로 찾아가 차례를 지내고 세배를 올리곤 하였다. 추석 때 들길로 큰집에 가려면 풀에 이슬이 맺혀 좀 차갑기도 했던 기억이 있다.

고향 모습에 대한 꿈 못지않게 어린 시절 친구들에 대한 추억도 많다. 지금과 달리 그 시절 우리 마을에는 또래 친구들이 많았다. 우리 이웃에 한택수라는 소꿉친구가 있었다. 자치기도 하고 팽이도 치고 술래잡기도 했던 동무다. 우리 아버지와 택수 아버지는 친구여서 우리 형제와 택수네 형제도 친한 마을 동무였다. 4학년 때 택수는 마을에서 십 리 이상 떨어진 곳으로 이사했지만 우리는 꾸준히 만났다. 택수는 내가 용두동 회사에서 근무할 때도 가끔 나한테 들렸고, 옛날 이야기도 하고 시대 상황도 이야기하며 다정하게 지냈다. 친구는 젊어서 정치와 관련한 일을 하다가 나이가 들면서 정치 쪽에는 관심을 버리고 부동산 소개업을 하며 지냈다. 나에게도 농장, 공장, 본사 건물을 소개하여 나와 회사에 커다란 보탬이 된 고마운 친구다. 다른 친구들과 노후대책으로 농지를 사고자 했을 때도 아산 신창에 땅을 소개해줘서 싼값으로 농장을 마련할 수 있었다. 또,

내가 창업하자 천안 근처 고속도로변에 회사 공장 부지로 적합한 곳을 소개해 주고, 양재동에 사옥을 마련할 수 있게 도움을 주었다. 그래서 나는 그 친구가 찾아올 때마다 함께 밥도 먹고 차비를 주기도 했다. 이렇게 좋은 친구도 몇 년 전 저세상으로 가버려 아쉽다.

대치 면장도 하고 청양읍장도 지낸 능력 있는 친구 최병우, 초등학교 때 반장도 하고, 서울에서 자주 만나 어려서의 우정과 삶에 대한 풍성한 이야기를 나누었던 복선규, 고향에 마련한 배천 효부상을 시상하려 내려가거나 성묘 차 귀향하면 말동무가 되어주던 복장규는 이미 세상을 떠난 친구들이다. 특히, 복장규의 부친은 조부의 제자로 마을에 조부 순제공 추모비를 세우신 고마운 분이다. 택수가 살던 고향 집에 이사 온 최병수와는 서당에 다니며 천자문을 배운 동기였다. 병수는 커서 경찰이 되어 오랫동안 경찰 생활을 하였다.

이렇게 친구 한 명 한 명을 떠올려 생각해 보니 어릴 때 고향 친구들이 더욱 그립다. 고향에서 살던 친구들이 꿈에 보이며 내가 언제 갈지는 모르지만 좀 더 밝고 건강한 생활을 하는 내가 자랑스럽기도 하고 행복하기도 하다.

한국수필가연대 제 21집 대표수필선. 2016.12

산책하며 걱정도

출근 전 이른 아침, 퇴근 후 늦은 밤에도 나는 종종 집 앞에 있는 양재천 산책을 즐긴다. 몸의 상태가 좋은 날은 가끔 남부순환로 건너 매봉이나 산자락에 있는 아파트 사잇길까지 걷는다. 걸음걸이가 예전 같지 않지만, 집에만 있는 것보다 밖에 나와 걷는 것이 좋다.

양재천 주변은 산책길과 자전거길, 뚝길, 찻길이 모두 잘 포장되어 있다. 오늘은 특히 지난밤부터 내리는 비에 양재천 물이 불어 힘차게 흐르고 있다. 물 속엔 아주 큰 잉어들이 다리 밑으로 몰려다닌다. 걷다가 산책로 한편에 마련된 쉼터에 잠시 걸터앉았다. 가랑비가 내리는 궂은 날씨 속에서도 그 길을 따라 걷는 사람, 자전거 타는 사람이 많다. 가끔 뛰는 사람도 보인다.

쉼터에는 비둘기들이 두 마리씩 짝을 지어 먹이를 찾아 입방아를 찧고 다닌다. 개울 물 위로 날아오는 갈매기, 숲속을 날아 앉는 까치와 참새 떼, 매미 소리도 싱그럽다. 가만히 눈을 감으니 자라던 충청도 산골에 와 있는 것 같다. 눈을 뜨니 저편 멀리 우뚝 솟은 123층 높이의 롯데월드타워가 보인다. 서울 시내 한복판에 있음을 깨달았지만 맑은 공기 덕분인지 아침부터 행복함을 느낀다.

올해 봄 한 달간 입원 후 다리의 근력이 안 좋아져 장시간 걷는 것이 힘들다. 병원에 입원해 있었던 날보다 집 근처에서 산책하는 지금이 참 행복하면서도 한편으론 이런저런 걱정이 든다. 쉼터에 앉아 쉬며 지나가는 사람들을 보면서 잠시 생각에 젖는다.

젊어서 오랫동안 회사원으로 일하며 능력을 인정받아 간부가 되었고, 자회사의 전문 경영자로도 일하면서 적자에 허덕이는 기업을 우량기업으로 이끌었다. 하지만 1987년에 발생한 6·29선언 이후 노동자들의 분쟁 여파로 승승장구하던 기업들이 쓰러지기 시작했다. 적자로 헤매던 중소기업을 상장회사로 키웠지만 내가 이끌던 기업도 예외 없이 힘들어져 경영자의 자리를 내놓아야 했고, 그때 나는 전문 경영자로서의 한계를 느꼈다.

여러 가지 궁리 끝에 창업에 도전했다. 오십 대 중반, 퇴직금 1억 원으로 기업의 기반을 다졌고, 그 결과 창업 10년 만에 코스닥에 상장하게 되었다. 기업가 정신이다. 이러한 성과는 경영에 참여하면서 기업 성장에 열중해 준 사우들과 영업현장의 식구들, 그리고 우리 상품을 아껴준 고객 덕분이라고 생각한다. 지금까지도 우수한 CEO로 평가를 받으니 나로선 고마울 따름이다.

2년 전, 나는 대주주로서 가지고 있던 주식을 자식들에게 고르게 나누어 주었다. 창업주로서 기업 경영의 주도를 위해서 주식을 가지고 있었지만, 그 당시 중국에서 부는 한국 화장품 열풍으로 주가가 급상승하면서 매우 많은 증여세가 부과되었고, 자식들에게 큰 부담을 안겨줬다. 그 후 작년에 불거진 사드 문제로 인해 중국이 우리나라를 상대로 엄청난 규제를 시작하면서, 가지고 있던 주식 가치가 당시의 삼분의 일로 줄었다. 결국엔 납부세액이 증여 주식 금액보다 많아지고 있어 엄청난 부담이 되고 있다. 온 가족이 소득 없이 세금 내는 고민에 빠졌다. 증여액보다 더 내야하는 세금도 있는가.

최근 한 경제신문의 보도 자료를 보았다. 현재 국내 상속세는 최고 세율 50%에다가 최대주주 주식에 대한 할증 평가까지 더하게 되면 65%에 달한다고 한다. OECD 평균 최고 세율(26.3%)의 2배 이상이며 전 세계적으로 가장 높은 수준이다. 반면 캐나다와 호주, 스웨덴 등 많은 국가는 상속·증여세를 모두 폐지했다. 이들 국가 중 상당수는 기업을 물려받을 때 상속세를 내지 않고 기업을 팔 때 얻는 자본이득에 대해서만 세금을 내는 구조다. 국세청에 따르면 매년 상속세 신고세액은 늘어나는 추세지만 전체 세수 중 1%가 채 안 될 정도로 미미하다. 과도하게 높은 상속세율 법안이 현실 상황에 맞게 수정되지 못한다면 장기적으로 볼 때 국부가 유출되는 '소탐대실'의 상황이 될 수 있을 것이다.

평소 즐겨 말하는 나의 세 가지 즐거움三樂 중 세 번째가 세금을 내어 국가에 보답하는 것이다. 기업을 경영할 때도 정도경영의 방침을 꾸준히 지키며 상품 제조와 고용을 늘리고 국가에 세금 내는 것을 즐거움으로 여긴 덕분에 회사가 국세청의 〈납세 모범기업〉으로 선정되는 기쁨도 얻었다.

하지만 아버지로서 자식들에게 행복을 주고자 상장 주식을 증여한 일이 막대한 액수의 세금을 내는 것으로 고통을 주게 되어 마음이 아프다. 자녀들도 고민이고 나 자신도 고민이었다. 하지만 시간이 지나면서 나는 생각을 바꾸기로 했다. 세상 살다 보면 예기치 못한 사고를 당할 수도 있고, 사기나 도둑을 맞을 수도 있지만 억울하게 큰돈을 잃는 것보다는 국가에 납세하는 것이 더 나을 것 같다. 그래도 사드의 영향에도 내가 일궈온 회사가 안정적으로 운영되고 있으니 다행으로 여겨야 하나.

아침에 일어나 산책을 하는 지금 이 순간이 굉장히 행복하다. 오늘도 어김없이 출근해 처리할 일들을 생각하면서 집으로 발걸음을 옮긴다.

한국수필. 2017,10

중남미문화원을 다녀오고

    단풍도 마지막 가을의 정취를 뽐내고서 떨어지기가 아쉬운가 보다. 은행나무가 저 멀리까지 노란 잎을 휘날리며 늦가을을 즐길 수 있게 해준다. 어른들과 아이들이 밖에 나와 소리 지르며 즐거워하는 모습이 보기 좋다. 행복이 가득한 가정이다. 저 멀리서 날아드는 비둘기들도 약속이나 한 듯 떼 지어 빙빙 돌며 자리를 옮겨 앉고 있다.

    늦가을로 접어들던 11월 중순의 주말, 나는 고양시에 자리한 중남미문화원을 찾았다. 그곳에서 외교관을 지내고 문화원을 설립하신 이복형 원장과 그의 부인 홍갑표 이사장을 오랜만에 만났다. 중남미문화원은 중남미에서 30여 년간 외교관 생활을 한 이복형 대사 부부가 1992년 중남미 지역의 풍물을 모아 세운 공간이다. 문화원에는 붉은색 파벽돌로 지어진 중남미 풍의 건물에 마야, 아즈텍, 잉카 등 고대 유물의 역사를 볼 수 있는 박물관과 중남미를 대표하는 작가의 그림과 조각들을 전시한 미술관이 있다. 중남미 12개국 대사관들의 기증 조각품과 어렵게 수집한 작품을 실내는 물론 깔끔하게 조성된 조각공원에서도 만날 수 있었다. 여기서 멈추지 않고 부부는 문화원 가든 끝머리에 종교관을 지었다. 직접 현지 성당을 찾아다니며 스케치하고 건축을 구상했다니 참으로 대단하다. 건물 내부엔 멕시코에서 가져온 '레따블로Retablo : 성당 벽에 전시하는 종교화 또는 조각'이라는 이름의 작품을 설치해 조용히 기도할 수 있는 공간을 마련했다. 폭 4.5m, 높이 6.5m의 목조각에 금과 채색을 입힌 라틴 바로크 양식의 화려한 제단으로 중남미 종교 미술품의 정수를 보여주는 작품이다. 외벽에는 엄청나게 큰 작품이 벽면을 장식하고 있다. 이곳은 주말마다 종교 행사가 이루어진단다. 게다가 산책로와 휴식 공간, 맛있는 멕시코 음식을 맛볼 수 있는 식당이 있어 단풍과 함께 중남미 문화의 정취를 느낄 수 있었다.

이복형 중남미문화원장은 30여 년을 멕시코, 스페인, 코스타리카, 미국, 도미니카공화국 등 수많은 중남미 지역에서 근무한 외교관이다. 그는 1989년 멕시코 대사직을 마지막으로 외교관 활동을 마무리한 후, 한국으로 귀국하여 중남미문화원을 설립, 운영하고 있다. 2002년 한일 월드컵 당시엔 유치 집행위원으로 활동하며 일본의 강력한 지지층이었던 중남미 나라의 표를 우리나라 표로 이끌며 한일 공동의 월드컵 유치에 크게 기여한 인물이다. 홍갑표 이사장은 외교관 부인의 역할을 넘어 문화 활동과 교류에 큰 공헌을 한 분이다. 10년 만의 만남이라 더욱이 반가웠는데 이사장님이 뵙지 못하는 동안 『지금도 꿈을 꾼다, 태양의 열정으로』라는 제목의 자서전을 지었다고 내게 선물해주셨다. 책장을 넘길 때마다 내 얘기처럼 와 닿아 책을 놓지 못하고 하루 만에 다 읽었다.

가난한 가문의 팔 남매 중 막내로 태어난 홍갑표 이사장은 열세 살 나이에 남학생의 전유물이었던 신문 배달로 자신의 학교 등록금을 벌었다. 이후에도 학업과 신문팔이, 탁구 선수까지 병행하면서 참으로 꿋꿋하게 뛰었다. 이복형 원장과 결혼 후엔 고달픈 시집살이로 늑막염이 폐결핵으로 변해 고생했다고 한다. 필자 역시 휴전 직후 고등학교 재학 중 상경해 학비를 마련하고자 신문 보급소를 맡아 구독자 늘리기에 열중했던 학창 시절을 보냈다. 추운 날씨 탓에 폐결핵도 걸려본 적이 있어 동질감을 느꼈다. 책을 읽으면서 어린 시절 겪었던 비슷한 아픔부터, 취미 삼아 시작한 수집품들로 현재 문화원을 설립, 운영하는 것이 코리아나 화장박물관과 미술관을 운영하는 나와 비슷해 옛날이나 지금이나 찾고 싶게 만드는 매력적인 곳이다. 부부와 이야기를 마치며 그들로부터 배울 점을 가득 안고 올 수 있었다.

국민 소득이 높아도 문화적으로 빈곤한 사회다. 이분들의 문화를 사랑하는 마음이야말로 국민들의 문화 수준을 높이는 데 일조하지 않나 싶다. 세상에는 돈이 많아도 제대로 쓸 줄 모르는 돈 많은 거지가 너무 많다. 물기物氣는 커졌지만 문기文氣는 뒤쳐진 사회다. 하지만 유물을 모아 연구하고 사람들과 공유하려는 이 부부의 마음씨는 참으로 아름답지 않은가. 머나먼 남미까지 가지 않고도 국내에서 중남미 문화를 체험하게 만들 수 있는 은총을 많은 분에게 베풀고 행복을 향유하는 삶이다.

중남미문화원은 단순히 전시만 하는 공간을 넘어, 많은 외교단이 방문해 친교를 다지는 민간외교센터이자 아시아 유일의 중남미 테마 예술 공간이다. 자연과 함께 중남미 문화를 느낄 수 있는 공간이라는 점에서 꼭 한 번 가봐야 할 곳으로 추천하고 싶다.

문예춘추, 2017.12

설에 그려보는 고향

2018년 무술년戊戌年의 새해 아침이다. 설날이 되면 차례를 지내고, 떡국을 먹는다. 그리고 집안 어른께 세배를 드리고, 형제들과 함께 동네 연세가 많은 어르신도 찾아가 세배를 드린다. 그러면 '아무개 아들, 이름이 무어지? 공부 열심히 해라'는 말씀과 더불어 덕담을 해주신다. 충청도 칠갑산 가는 산골 마을에서 태어나 자란 나의 어릴 적 명절 모습이다.

도시에 사는 나는 오래전부터 양력으로 설을 쇠었기 때문에 음력 설엔 따로 제사를 올리지 않는다. 그 대신 가족끼리 모여 식사를 하고 손주의 세배를 받는다. 학생인 손주, 군 복무 중이거나 직장을 다니는 손주들을 명절에나 보게 되는데 훌쩍 커진 아이들 모습을 보면 흐뭇하다. 옛날과 같이 한 집에 모여 사는 것이 아니라 분가해서 사니 조손祖孫간 만남이 자주 있지 않는 것이 아쉽다. 현재는 시대가 바뀌어 노령화가 심해지는 반면 출산율은 감소해 2018년 현재 5천만이 넘는 인구수가 점차 줄어들고 있다고 한다. 국가적으로 출산율을 높이기 위해 온갖 정책을 펼치며 아이 낳는 대한민국을 권장하고 있지만 현실적으로는 과거와 같은 상황이 되긴 어렵다. 옛날엔 아이를 많이 낳았다. 많이 낳으면서도 환경이 열악하고 워낙 어렵게 살다 보니 어린아이가 병에 걸려 일찍 죽는 경우도 부지기수였다. 하지만 부부가 적어도 5~6명의 자녀를 낳는 사회였다. 명절 때마다 아이들로 집안이 늘 북적북적했던 그 시절이 그립다.

명절 아침 세배가 끝나면, 마을 가까이 모신 산소를 찾아 성묘했다. 다행히도 이 풍속은 아직도 우리 사회에 전해지고 있다. 서울을 비롯한 대도시에 사는 사람들도 명절을 쇠고 성묘를 위해 귀성길에 오른다. 꽉 막힌 귀성길로 차 안에서 긴 시간을 보내게 되는 것을 알면서도 성묘 가는 것을 멈추지 않는다. 나는 주변 지인들에게 스스로 조상의 음덕을 받은 자손이라고 얘기하곤 한다. 조상을 위하는 마음으로 자주 성묘 드리고, 묘지를 깨끗하게 보존해 조상을 잘 모시고 있는 까닭에 나와 내 자손들이 덕을 받아 더욱 번창한다고 믿는다.

전쟁을 치르면서도 명절마다 많은 사람이 귀성을 하는 것은 고향에서만 얻을 수 있는 편안함을 느끼기 때문이 아닐까 한다.

서울 살이 70년. 나는 언제나 고향이 그립다. 그래서 시간이 날 때마다 부모, 조부모, 증조부모, 고조부모, 10대 조부모까지. 고향에 모신 선대 산소를 찾아가 나의 고향에 대한 그리움을 해소하곤 한다. 하지만 매번 고향을 찾을 수는 없기에 고향에 대한 향수를 달래는 나만의 방법을 문화재와 작품 수집에서 찾았고, 사무실을 방문한 지인들에게 그 방법을 전파하고 있다.

나는 내 사무실로 찾아오는 손님에게 유물과 그림 작품을 보여주면서 고향과 문화에 대한 이야기를 나눈다. 이야기를 나누기 전 '자네 집에 그림이나 글씨, 조각품이 걸려 있는가?'하고 묻는다. 먹고 사는 데 불편함이 없으면 물기物氣가

넉넉한 삶이고, 문화재가 많으면 문기文氣가 높은 가문임을 칭찬하면 모두 문화에 대한 관심이 커진다.

나는 젊어서부터 문화재에 관심을 가지고 그림, 글씨, 옛 생활용품들을 많이 모았다. 모은 것들로 박물관, 미술관도 세우고 국내외서 전시를 열어서 많은 사람에게 우리의 문화를 알리고 있다.

나는 평소에도 수집한 그림과 조각을 번갈아 가며 사무실에 놓고 감상한다. 그중 하나는 미네Minet(1821~1866)의 작품으로 프랑스 출장길에 구매한, 150년 전 프랑스의 한 농가를 그린 그림이 있다. 집 앞마당엔 두레박으로 퍼 올리는 우물이 있고 마당에는 암탉, 수탉, 오리가 뒤엉켜 노닐고 있는 모습이 우리나라의 예전 농촌 사회, 내 고향 청양과 비슷하다. 조용히 앉아 그림을 보고 있노라면 어린 시절 부모님이 계시던 고향 집이 떠오른다. 고향이 그리운 날이다.

서초앤솔로지3, 2018,04

CEO의 출장 사흘간

성공보다 성취를 위해 열정을 바친 어느 CEO가 있다. 이 CEO는 60대의 나이에도 회사를 위해 뛰며 한창때를 보냈다. 무엇보다도 시간을 쪼개어 회사의 제품 판매를 담당하는 사업국을 꾸준히 돌며 직원을 만나고 다독이는 일을 중요시했다. 현장의 목소리를 듣고 경영에 반영하기 위함도 있었지만, 여성의 사회활동이 낮았던 시기에 '일하는 여성'이라는 자긍심을 심어주고, 열정도 전해주고 싶었던 마음이 더 컸다. 여성의 경제활동 참여 비율이 높아졌다는 신문기사를 접한 CEO는 문득 전국 각 지역의 사업국을 방문했던, 20년 전 어느 사흘을 떠올려본다.

국내외의 업무 처리에 바쁜 날들이었지만 충청, 경북 지역 사업장을 찾아가는 사흘간의 일정을 만들었다. 당시 CEO의 회사는 전국에 대략 140여 개의 사업국을 운영하고 있었다. 서울 지역의 사업국은 일정이 빌 때마다 찾아봤으나 지방 사업국은 바쁜 업무에 늘 뒷전으로 밀렸었다. 그래서 기어코 일정을 잡아 방문계획을 세운 것이다. 당시에는 사흘간의 시간을 내는 것도 보통 어려운 일이 아니었다.

  아침 7시에 집을 나섰다. 가장 먼저 충청 지역의 중심인 대전 지점과 두 곳의 사업국을 방문했다. 지방의 간부들과 오랜만에 점심을 같이 먹으며 이런저런 이야기를 나눴다. 지금과 마찬가지로 우리 회사는 직원 교육에 많은 공을 들였다. 특히, 직접 소비자를 만나는 판매 담당자는 좀 더 전문적인 교육을 받았고, 높은 매출로 이어지는 결과를 얻었다. 그래서일까 현장에서는 동종업계로의 인력 유출로 힘든 일이 이만저만 아니라고 한다. 인력을 육성할 생각은 안 하고 감언이설로 다른 회사의 훈련된 영업 인력을 빼앗아가니 인력을 관리하는 간부들도, 숙련된 인력을 키워낸 회사도 애가 타는 일이었다.

  대전을 떠나 공주, 예산, 홍성을 지나 충남에서 가장 활발한 도시인 서산에 도착했다. 충남 서부의 해안 지역에 위치한 서산시는 마애삼존불, 해미읍성, 어리굴젓 등으로 이름난 곳이다. 서산 사업국은 깔끔한 사무실에 세련미 넘치는 여덟 분의 지부장들과 상담사로 활기찼다. 이곳은 변해가는 서산시와 발맞춰 판매실적도 놀랄 정도로 늘고 있는 곳이었다. 적극적인 활동을 칭찬하며 직원 모두를 바닷가에 위치한 식당으로 초대했다. 식당은 서산시와 함께 우리나라 서해안 지도를 바꿔놓았다는 현대 방조제 인근에 있었다. 서해안의 거센 조류로 말미암아 방조제 공사의 최대 난제였던 물막이 공사는 고 정주영 현대그룹 회장이 제안한 폐선(廢船) 활용 방법으로 성공할 수 있었다고 한다. 작은 아이디어로 방조제 건설이라는 성취의 기쁨을 얻은 것은 물론 회사와 국가 발전에도 도움을 주었으니 그분의 기업가 정신에 감탄을 금할 수 없다. 한 기업가가 이룩한 11km의 인공 해안선을 바라보며 분위기 있는 해변 식사를 마치고 밤늦게 유성으로 돌아와 쉬었다.

　이튿날은 경북 지역으로 코스를 잡았다. 김천을 시작으로 구미, 안동, 영주, 울진, 영덕, 포항까지 이르는 빡빡한 일정이었다. 이 지역들은 모두 고적 답사 차 방문한 적 있는 익숙한 지방의 소도시다. 먼저 방문한 김천은 타 지역보다 실적이 부진한 곳이었다. 반면 인접한 구미 사업국의 분위기는 달랐다. 사무실은 장터같이 북적댄다. 이른 시간인 오전 10시에도 많은 주부 사원들과 간부들이 상담실과 교육장을 가득 메워 판매에 열을 올리고 있었다. 심지어 아기를 데리고 와 일하는 여성도 있었다. 그들의 눈빛과 열기가 뜨거웠다. 경상도 북부의 인근 지역과 어쩜 이리도 다른지 의아했다. 생각해 보니 구미는 근대화 과정에서 박정희 대통령이 제일 먼저 지역 산업을 일으킨 본고장이다. 그래서 여성들도 경제활동에 적극적인가보다. 구미를 떠나 시원하게 뚫려있는 중앙고속도로를 달렸다.

　아지랑이 아른거리는 이른 봄기운으로 나들이 분위기에 젖어있는 동안 전통의 도시 안동에 도착했다. 안동의 명물 안동댐 아래에 자리 잡은 민속촌에서 사업국 식구들과 안동 전통 음식 헛제삿밥을 먹으며 간단한 미팅을 마친 후 울진으로 향했다.

　바닷속 물고기가 제품을 사는지, 뒷산의 토끼가 화장하는지 바닷가 도시 울진은 억대의 판매액을 기록한 사업국이다. 고깃배와 파도가 함께 넘실대는 평화로운 동해안 풍경을 보며 오르막 내리막 넘기를 거듭하니 해가 기울고 있었다. 저녁 7시가 넘어서 도착한 영덕, 하지만 영덕의 식구들은 퇴근하지 않고 기다리다 들어서는 나를 보며 반긴다. 그분들과 일일이 악수를 하며 반짝이는 눈빛에서 회사에 대한 고마움과 일에 대한 그들의 열정을 느꼈다. 참 고마운 일이다.

영덕 사업국 직원들과 만남 후 밤늦게 포항으로 내려갔다. 다음 일정에 맞추기 위함도 있었지만, 세계에서 둘째가는 제철 도시인 포항에서 하룻밤 묵고 싶은 마음도 있었다. 내 심정을 알아채기라도 한 듯 오랜 기간 코리아나 화장품에서 한 우물을 판 지광철 본부장이 아담하고 깔끔한 포항제철 숙소로 안내했다. 기분 좋은 하룻밤을 보낸 후 실적 우수자상 명단에서 자주 보이는 포항의 황보정의 국장과 모범 직원들의 반김을 받으며 포항 사업국을 둘러보고 경주로 떠났다.

포항에서 경주까지는 회사 경북 시장의 개척자인 배정식 본부장이 함께했다. 가는 길목에는 신라 문무왕의 수중릉이 있는 감포가 있다. 감포에도 회사의 지부가 있다. 한적한 해변이었던 이곳 역시 개발이 시작되면서 인구가 늘어 나고 있단다. 사람 있는 곳에 소비자가 있고, 소비자 있는 곳에 마케팅이 있다. 이 작은 도시도 우리의 잠재적 시장이다. 오늘의 치열한 경쟁에서 살아남으려면 한 가구도 놓치지 말고 고객으로 모셔야 하는 것이 마케팅 정신이다. 감포 인근에 감은사지3층석탑이 동서로 1천 년을 넘게 서 있고, 곳곳에 천년이 넘은 문화재가 숨어 있건만 시간이 촉박해 그 많은 문화재 하나하나 찾아볼 겨를 없이 경주로 바쁘게 달렸다. 경주에 오니 오래전 봄에 나의 문화 연구모임인 박연회 회원들과 경주 남산 답사를 하였던 즐거운 한때가 생각났다. 천년고도의 문화 도시 경주 식구들과 점심을 함께하며 열심히 일하는 그들의 참한 모습을 격려했다. 경주를 떠나 다시 경상도를 가로지르며 영천, 경산을 들른 후 서울로 도착하니 밤이 깊어 있었다.

먼 거리를 빡빡한 일정으로 소화했음에도 가는 곳마다 직원의 일하는 모습을 보고 온 탓인지 바쁘게 뛴 사흘간의 일정이 힘든지도 몰랐다. 열심히 일하는 직원들을 보며 느꼈던 그 고마움이 아직 생생하다.

20년이란 시간이 흘렀지만, 여전히 전국에 있는 사업국 직원들이 일하며 자아실현의 욕구를 충족시키고, 좋은 제품을 소비자들에게 소개하는 모습을 보면 기업가로서 뿌듯하다. 판매 일선에서 활동하는 여성들, 장하고 고맙다. 우리 제품을 믿고 계속 찾아주는 고객에게도 감사드린다. 그래서 CEO는 오늘도 기업 성장을 위해 끊임없이 달린다. 회사는 특허받은 기술로 정성 들여 만든 상품으로 소비자에게 보답해야 한다. 우수한 상품을 만드는 기업의 성장은 나라 경제를 키우는 주체다. 수익에 따라 국가에 적절한 세금을 내는 것은 또 다른 가치를 창조하는 일이며 보람찬 일이다. 기업가 정신으로 이어온 30년이다.

월간 문학공간. 2018.06

아침 풍경과의 만남

아침 7시, 나는 양재천 산책으로 하루를 시작한다. 요즘 같은 폭서暴暑의 계절에도 출근 전엔 어김없이 집 앞 하천을 걸으며 동네 이곳저곳의 풍경을 살펴보는 것을 거르지 않는다. 특히, 올해는 지난 111년 기상 관측 이래로 가장 더운 여름 날씨로 예전 같지 않게 걷기가 힘들고 빨리 지치는 기분을 느낀다. 따가운 여름 햇볕을 가려주는 낡은 밀짚모자를 쓰고 하루가 다르게 변하는 동네 풍경을 관찰하는 것으로 아침에 남아있는 잠기운을 떨쳐버린다.

나는 18년 전부터 도시와 자연이 공존하는 강남구 도곡동에 터를 잡고 살고 있다. 이곳은 한가로운 자연풍경의 양재천이 흐르는 곳이기도 하고, 고층 건물과 빠르게 오가는 차량이 가득한 번화한 도심이기도 하다. 집 앞에 위치한 매봉터널과 남부순환로엔 차들이 언제나 바쁜 모양새로 분주히 지나간다. 또, 내가 사는 아파트와 근처의 69층짜리 타워팰리스 등 고층 건물이 많은 곳이라 건물을 나가는 차들로 언제나 분주하다.

타워팰리스는 우리 동네에서 가장 높은 건물이다. 그 주변으로 높은 빌딩들이 모여있어 그곳을 걸어가다 보면 마치 빌딩 숲에 와 있는 느낌이 든다. 대한민국에서 가장 높은 건물이라는 명성은 종로 31빌딩, 여의도 63빌딩에서 69층의 타워팰리스로, 타워팰리스에서 123층의 잠실 롯데월드타워로 바뀌었다. 그 웅장한 높이에 감탄을 자아내는 롯데월드타워는 세계에서 6번째로 높은 건물이라고 한다. 양재천 흐름을 따라 가보면 저 멀리 높은 자태가 보인다. 짓기 전까진 여러 가지 말들이 많았지만, 남녀노소를 불문하고 찾는 서울의 관광명소가 되었다.

  고층 빌딩 숲 건너편에는 메타세쿼이아 숲이 자리하고 있다. 찻길 양쪽 양재천 산책로에 줄지어 있는 메타세쿼이아 나무들은 여름의 뜨거운 태양 빛을 받은 탓인지 울창한 숲을 이루고 있다. 그 앞을 지나가면 항상 우렁찬 매미 소리를 들을 수 있다. 마치 여름이 왔다고 즐겁게 소리치는 것 같다. 어릴 적 살던 시골에서 자주 듣던 카랑카랑한 매미 소리와 어쩜 그리도 같은 소리인지 신기하다. 그 앞엔 반송盤松이라는 키가 작은 소나무가 심겨 있고 키 큰 소나무 사이로 붉은 자태를 띈 백일홍百日紅도 보인다. 또 아직은 푸른 잎이지만 가을이 되면 붉게 물들 단풍나무도 있다.

  숲길 아래 양재천에는 맑은 냇물이 흐르고, 물속에는 잉어들이 빼끔댄다. 하얀 해오라기, 산비둘기, 까치, 참새 등 온갖 새들을 구경할 수도 있어 시골 풍경을 그대로 옮겨놓은 듯 정겨운 모습이다. 숲, 사람, 차량과 새들이 공존하는 곳엔 평화가 깃들어 있다. 그래서 나는 매일 아침 산책길에 만나는 도곡동의 아침 풍경이 좋다.

  산책을 마치고 집으로 돌아오는 길은 도심 속 작은 휴양림에서 휴가를 마치고 일상으로 복귀하는 순간이다. 출근하기 위해 서류 가방을 들고 바쁘게 지하철역으로 가는 사람, 운동하는 사람, 길가를 청소하는 환경미화원이 보인다. 근처 식당은 불을 켜고 아침 장사 준비에 여념이 없다. 화물차들은 아침 일찍 가게에 물건을 전해주기 위해 골목을 누빈다. 아파트 경비원들이 바닥을 쓸고 밖을 내다보며 건물 주변을 순찰하고 있는 모습도 보인다. 모두 저마다의 방식으로 아침을 맞는다. 나도 서둘러 출근 준비를 하러 집으로 향한다.

월간에세이. 2018.08

오키나와 기행

필자는 해마다 설 연휴에 친구들과 겨울 여행을 다닌다. 주로 비행시간이 짧은 동남아시아 국가나 일본을 선호하는데, 몇 년 전엔 따뜻한 남쪽 지역에 위치한 오키나와를 다녀왔다.

오키나와는 약 200개의 섬이 있다. 이 중 90개의 섬에서 130만 정도의 인구가 살고 있다고 한다. 본섬은 제주도보다도 작고, 그중 공항이 있는 나하那覇지역에 약 30만이 살고 있다. 오키나와는 조선 시대까지 류큐국琉球國으로 불렸던 곳이다. 우리나라와 중국과도 많은 교류를 하며 문물을 주고받으며 약 450년간 번영을 누리던 국가였다. 오키나와의 관문이기도 한 나하지역은 과거 류큐국의 수도로 지금도 상왕조尙王朝 국왕들이 머물렀던 슈리성首里城이 자리하고 있다. 번영을 누리던 류큐 왕국은 1871년 일본의 속현屬縣이 되면서 몰락했다.

인천에서 2시간 만에 도착한 오키나와는 1월인데도 나뭇잎이 무성하고 벚꽃이 한창 피어있었다. 거리는 차분하고 한가로웠으며, 에메랄드빛의 해변과 우거진 열대 식물 산림이 잘 보존되어 있었다.

우리는 유네스코 세계문화유산으로 지정된 슈리성, 일본군이 지하에 파놓은 군사기지, 천연 동굴, 오키나와의 풍습을 볼 수 있는 류쿠촌琉球村 등을 방문했다. 또, 오키나와어로 '아름다운 바다'를 뜻하는 '츄라우미' 수족관을 찾았다. 이름처럼 아름다운 오키나와 바다를 한눈에 살펴볼 수 있는 엄청난 크기의 수조가 있는 곳인데, 마침 상어 밥 주기 행사를 보러 몰려든 관광객으로 붐볐다.

　수족관을 나와 우리는 마부니 언덕에 위치한 평화공원을 찾았다. 오키나와는 아름다운 자연에 둘러싸인 것과 다르게 아픈 역사가 많다. 패권주의로 강성해진 군국軍國 일본은 자국의 영토를 확보하고자 류큐국의 상왕조를 멸망시켰다. 또, 제2차 세계대전의 과정에서 엄청난 희생을 치렀다. 일본의 패망 직전 미군은 오키나와 상륙을 감행했고, 이로 말미암아 많은 사람이 희생되었다. 특히, 당시 일본군은 미군이 상륙하면 군인뿐만 아니라 민간인까지 다 죽인다고 소문을 퍼뜨려 오키나와 사람들의 자살과 가족간 살상 참극이 벌어져 더 많은 사람이 희생되었다고 한다. 평화공원 내 세워진 평화의 탑엔 오키나와 원주민과 일본군, 미군 등 당시 희생자 수가 약 24만 명이라고 적혀 있었다. 겹겹이 늘어서 있는 검은 돌 병풍에 새겨진 희생자 이름과 평화의 탑을 보면서 전쟁의 참혹함을 느꼈다.

　무엇보다도 희생자 중에 조선 사람이 많다는 사실이 더욱 슬펐다. 세계2차대전 당시 군인과 노동자로 끌려가 전쟁 일선에서 큰 고생을 치르고 죽은 조선인은 헤아릴 수 없이 많다. 오키나와에 끌려 와 전쟁 전후로 죽은 사람도 1만 명이 넘는다는데, 단지 364명만이 확인되어 평화공원에 이름이 올라 있다. 이 공원 한편에는 한국에서 만든 '한국인 위령 공원'도 있다. 박정희 대통령은 이 부지를 사비로 매입하여 울타리를 치고 그 안에 일만 개의 돌로 무덤 모양의 위령탑을 만들었다. 이 돌은 모두 전국 각지에서 모아 온 것으로 고향을 떠나 먼 타국에서 외롭게 숨진 영령들을 위로하고 있다. 나라를 잃은 백성이 멀리 끌려와 고생하다 죽었으니 얼마나 억울하고 슬픈 역사인가. 청옥靑玉의 돌비석에 「韓國人 慰靈塔」 대통령 박정희」라 쓴 위령비 앞에서 억울하게 사라진 영령들과 박 대통령의 민족애에 대해 깊은 상념에 빠졌다. 공원 입구에는 노산 이은상이 쓴 위령의 글이 구구절절 가슴을 엔다.

오키나와는 1945년 일본의 패전 후 미군이 점령하였다가 1972년 일본에 반환되었다. 그러나 아직도 미 공군기지는 남아 있다. 6·25 한국전쟁 때에 이곳 미군기지에서 날아온 미군기가 인천상륙작전을 도왔고 휴전 이후 지금까지도 우리나라 안보에 큰 역할을 하고 있다. 미 공군기지를 방문할 기회가 생겨 드넓은 활주로가 있는 공군 기지와 신형 전투기도 볼 수 있었다.

오키나와는 아열대 기후 지역에 있어서 연중 날씨가 따뜻하다. 그래서 파인애플과 사탕수수가 많이 생산된다. 우리 일행은 파인애플 농장과 사탕수수 농장을 찾았다. 파인애플 농장에서는 파인애플로 만든 술과 주스, 과자 등을 홍보하고 각종 시식 코너를 만들어 먹어 볼 수 있도록 하여 관광객이 많았다. 이어 방문한 사탕수수 농장에선 사탕수수에서 원액을 추출하고 가열하여 직접 설탕을 만드는 체험을 진행했다. 설탕을 직접 만들어 보니 신기하긴 했는데, 체험이 끝나고 한 접시마다 820엔의 비싼 비용을 받는 것을 보며 일본인의 상술에 놀랐다. 체험 이후에도 이동하는 통로마다 관광객의 눈길을 사로잡는 물품을 파는 판매대를 놓고 수익을 올리는 모습을 보고 철저하게 계산된 뛰어난 상술을 이용하는 것에 다시 놀랐다. 견물생심見物生心의 인간 심리를 너무도 잘 이용하고 있다는 생각이 들었다.

일행의 마지막 일정은 오키나와 나하 공항 근처에 있는 현립박물관과 미술관 방문이었다. 이곳은 '박물관 100번 가기'를 주장해오는 나에게 가장 흥미로운 곳이었다. 현립박물관에는 오키나와 지역에서 발견한 선사 유물과 류큐 왕국을 이끌었던 상왕조의 유물, 천혜의 자연환경을 보여주는 자료를 정성껏 준비하여 전시하고 있었다. 1458년에 제작된 만국진량종万國津梁鐘은 중요문화재이며 14세기 유구 왕조가 중국 명明나라의 책봉을 받고 조공을 드리는 회화 자료 등 역사유물이 화려하게 진열되었다. 박물관과 함께 있는 현립미술관에서는 외딴 섬의 원주민을 찍은 사진전이 열리고 있었다. 귀국 전 오키나와의 역사와 문화, 사람들의 모습을 한자리에서 보며 여행을 마무리 지을 수 있어서 필자에게는 더할 나위 없이 뜻깊은 시간이었다.

산호로 둘러싸인 오키나와, 섬나라의 순박하고 서두르지 않는 사람들, 아름다운 자연환경은 추운 겨울의 피한지로 찾아볼 만한 곳이다.

한국수필연대사화집, 2018.09

대학에서 받은 교육, 취득한 학위, 현재 참여하고 있는 모든 모임들은 내 배움의 끝이 아니라 한복판일 것이다. 배움에는 끝이 없다.

- 「배움에는 끝이 없다」 중에서

8부

펼치고

한국경제신문 컬럼

기업이 나라의 힘이다

경제는 기업이 끌고 간다. 중앙은행이 돈을 많이 찍어낸다고 경제가 잘 돌아가는 것은 아니다. 정부와 국회가 법률을 많이 만든다고 경제 활성화로 이어지는 것도 아니다. 기술 개발로 상품 가치를 높여 다른 나라 기업과의 경쟁에서 이길 힘을 갖추고, 기업의 성장으로 근로자에게 더 많은 일자리와 급여를 제공하여야 경제도 좋아지고 국민 소득도 높아진다.

기업은 경제 성장의 밑거름이다. 근로자는 밤낮으로 교대하며 공장을 돌리고, 세일즈맨은 가족의 얼굴도 잊은 채 낯선 외국 땅을 누비며 제품을 판다. 경영자는 회사를 두루 살피며 기업 성장을 위해 궁리하며 동분서주한다. 이들의 눈물겨운 노고와 뒷받침으로 말미암아 기업과 경제는 비로소 성장할 수 있다.

정부와 사회가 응원부대가 되어 기업을 힘껏 밀어주는 풍토를 이룩하여 경제가 잘 달려갈 수 있도록 해야 한다. 복잡한 행정 절차와 규제 정책은 육상 선수의 발목을 잡고 시야마저 가려 타이밍을 늦추는 격이다. 규제봉을 무분별하게 두드리면 경제는 풀죽을 수밖에 없다. 우리나라 경제 규제는 경쟁국보다 턱없이 높다고 뉴스에서 보도되곤 한다. 기업이 투자한 사업에 성공하지 못하면 기업이 경제적, 사회적 책임을 모두 져야 한다. 그래서 기업은 신사업 투자에 겁을 내고, 경제 발전은 위축되는 격이다. 경제는 경쟁 현장에서 저력을 키우고 새로운 혁신이 줄기차게 지속하여야 발전할 수 있다. 창의력과 기술을 배양해 생산성을 올릴 수 있는 분야에 대한 투자에 적극적인 기업이 경제 성장의 주역임을 인지하여야 한다.

돌이켜보면 나라를 잃었던 시절, 나라를 세운 시절, 북이 침략했던 시절이 있었다. 가난한 나라로 국민 소득이 100불이 채 되지 않아 머리카락을 잘라 수출하던 나라였다. 그때 나라를 일으킨 힘은 기업이었다. 먹을 것, 입을 것, 일할 곳을 마련한 곳은 기업이었다. 농업 국가에서 공업 국가로 바뀌며 기업이 성장했고 경제가 발전했다. 이제는 3만 불의 경제 국가가 되었다.

경제가 정부의 식민지여서는 안 된다. 경험 많은 야전사령관의 임기응변보다 상부의 작전지시대로만 움직인다면 전쟁에서 패할 수밖에 없다. 세계 경제 대전에서 싸울 주역은 누구인가? 바로 민간 기업들이다. 정부가 돕고 민간 기업이 주도하여 창의와 활력을 키우며 경제를 이끌어야 효율적으로 경쟁할 수 있다. 정부는 모든 국민이 성원할 수 있도록 기업 성장을 북돋아야 한다. 국내에서 성과를 올리고 국제 경쟁력을 높이는 기업이 많아질수록 나라의 힘은 강해진다.

한국경제신문. 2018.09

배움에는 끝이 없다

사람들은 나에게 에너지가 넘치는 사람이라고 말한다. 그때마다 나는 내 자신을 위해, 회사를 위해 할 수 있는 일이 무엇인가를 생각하고 노력하면 활기가 넘치는 사람이 될 수 있다고 말한다. 동아제약 사원으로 근무했던 시절, 실력이 있어야 회사 일을 더 잘할 수 있고, 스스로의 발전도 있으리라는 생각이 들었다. 업무가 끝난 후에도 회사에서 늦게까지 공부하며 공인회계사 시험 준비에 몰두했다. 그 결과 단 한 번의 시험으로 국가고시인 공인회계사 자격증을 취득했다. 배우고 때때로 익혔더니 합격이라는 결과가 따랐다.

나는 지금까지도 CCO(Chief Culture Officer)로서 회사 경영뿐만 아니라 문화에 대한 공부를 계속하고 있다. 1982년 국립중앙박물관에서 진행하는 박물관 특설 강좌를 들으며 고미술에 대한 연수를 같이한 학우들로 박연회(박물관 연구회)라는 소모임을 만들어 지금까지 수업을 함께 듣고 있다. 37년을 함께 공부했으니 학우들도 나이가 들었고 나도 역시 나이가 들었다. 사회에서 배움은 나이가 들어서도 지속하여야 한다는 것이 나의 삶의 신념이다.

국가고시에 합격하거나 석, 박사 학위를 따는 것은 자기 노력의 결과이고 자기를 발전시키는 일이다. 시대 변화에 맞춰 자기의 직장에서 역량을 발휘하려면 남보다 더 알아야 하고 남보다 앞서 실천해야 한다. 열의가 있으면 성과는 커지기 마련이다. 그래서 평상시 사원들에게 '학이시습지 學而時習之'를 강조한다. 교육장 한편에 이 글귀를 붙여두고 사원들이 모르는 것을 배우고 익히며 훌륭한 인재가 되길 독려한다. 배움이 빠르면 어떤 일에도 열중하고 능력이 출중해져 쉽게 간부로 발탁된다.

우리 회사의 경우도 배움은 가장 중요한 덕목 중 하나이다. 매달 전 사원을 대상으로 〈학이시습지포럼〉이라는 특강을 듣도록 한다. 매월 세 번째 수요일에 진행되는 이 교육은 코리아나인의 경영마인드를 제고하기 위해 다양한 분야에서 활동하는 강사들을 초청해 그들의 이야기를 듣는다. 고객 관리나 경영 마인드와 같은 회사 업무에 필요한 교육뿐만 아니라, 인문학적인 주제들로도 진행되어 사원들에게 인기가 좋은 특강이다. 2007년부터 시작해 이번 달에 130회 차가 되었다.

앞으로도 나는 밭을 가는 것처럼 묵묵히 배우고 때로 익히는 길을 걸어야겠다고 생각한다. 대학에서 받은 교육, 취득한 학위, 현재 참여하고 있는 모든 모임들은 내 배움의 끝이 아니라 한복판일 것이다. 배움에는 끝이 없다.

한국경제신문. 2018.09

기업의 인재 교육

기업은 학덕學德을 갖춘 인재를 원한다. 학學이란 기본적인 학식과 기술 교육, 전공 분야에 대한 실력이고, 덕德이란 참된 인성과 소양을 일컫는다.

많은 기업은 소속 직원의 교육에 투자한다. 학교 교육을 기초로 담당 업무를 가르쳐 기업에 필요한 전문가로 양성하기 위함이다. 교육도 신입, 직급별, 분야별, 간부 교육 등으로 체계적이고 세분화되어 있다. 연구 개발비의 지출이 기업의 장래를 판가름한다고 하지만 교육 훈련비도 기업 경쟁력을 높이는 데 큰 역할을 한다. 전문성을 기르는 교육과 더불어 인성교육 또한 중요시하고 문제를 해결하고 극복해내는 능력도 키운다. 사원들이 여러 분야의 교육을 받을 수 있게끔 한다. 여기에 협동 정신과 창의력을 발휘할 수 있도록 직장 분위기를 만들어가고 있다.

우리 회사의 경우 입사하면 반드시 해야 하는 전통이 있다. 천자문千字文을 글자당 열 번씩 써서 3개월 안에 회사에 제출해야 하는 것이다. 예전에는 다섯 살 정도만 되면 천자문을 가르쳤는데, 1970년대 이후 교과 과정에서 한자 교육 시간이 줄어들면서 요즘 젊은이들 중에는 한자를 읽지 못하는 사람이 수두룩하다. 한자 문화권인 우리나라 교육을 퇴보시키는 정책이었다고 생각한다. 그래서 우리 회사의 한자 교육은 회사의 고유한 사풍이자 창업 이래로 꾸준히 이어가고 있는 전통이다. 갓 입사한 젊은 사원들이 한자 문맹에서 벗어나 더 큰 혜안을 갖기 바라는 마음에서 실시하고 있다.

또한 나는 신입사원들을 만나는 자리에서 '돈을 내고 공부하는 학교와 달리 기업은 돈을 받아가며 공부하는 곳이다'라고 강조한다. 몇 년 후 신입사원들이 기업이라는 새로운 환경에서 배우고 익히며 의젓한 사회인으로 성장한 모습을 보면 즐겁다.

학덕이 높은 사람은 회사를 성장시키고, 회사는 좋은 사풍社風을 만들어 우수한 인재를 기른다. 필자가 오래전부터 사원들에게 실천하도록 하는 좋은 사풍社風이란 다음과 같다.

❶ 참된 인간성을 기르는 사풍 ❷ 주인 의식을 갖는 사풍 ❸ 소비자를 위하는 사풍 ❹ 아름답고 세련된 모습을 가꾸는 사풍 ❺ 자기 계발에 정진하는 사풍

자원이 적은 대한민국이 국제사회에서 경쟁력 있는 강국으로 계속 나아가기 위해서는 대학교의 질 높은 교육과 기업의 끊임없는 교육, 훈련으로 경쟁력 배양에 힘써야 할 것이다. 좋은 교육이 좋은 사회를 이끈다.

한국경제신문. 2018.09

어린이의 눈에 비친 CEO

나는 지난 5월 초 유력 일간지의 사설을 인상 깊게 읽었다. 내용은 '미래의 빌 게이츠를 꿈꾸는 어린이들이 생각하는 CEO'라는 주제의 분석 기사였다. 148명의 아이들이 생각하는 CEO의 이미지 중 가장 먼저 떠오르는 것은 '부자'였다. 그 뒤를 이어 성실하고 부지런함을 떠올리는 아이들도 있었다. 'CEO가 되기 위해서 어릴 때부터 잘해야 하는 것이 무엇인가'라는 질문엔 '무엇이든 앞장서야 한다'는 답이 가장 많았다. 'CEO가 되고 싶다는 생각을 해본 적이 있다'라는 질문엔 꼭 되고 싶진 않지만 되면 좋을 것 같다는 답이 다수였다. 다음 'CEO가 된다면 어떤 회사의 사장이 되고 싶은지?'의 질문엔 IT회사와 패션, 화장품 회사라는 답이 가장 많아 화장품 회사 CEO인 필자는 뿌듯했다. 한편 'CEO가 되어 부자가 되면 부모에게 효도하겠다, 장학 재단을 만들겠다, 남을 돕는 기부 문화를 만들겠다.'는 생각들을 보면서 아이들은 우리나라의 희망이고 장래라는 생각을 다시 한번 했다. 글을 읽다 보니 아이들의 눈에 비친 CEO는 근엄하고 당당하며 사회, 경제적으로 성공을 이룬 리더의 모습이다. 성공의 반대편에 있는 실패한

CEO는 알지 못한다.

  기업을 경영한다고 누구나 성공하는 것은 아니다. 기업인은 항상 벼랑 끝에 서 있는, 언제 벼랑으로 굴러 떨어질지 모르는 위험 속에 있는 존재이다. CEO는 항상 언제 터질지 모르는 지뢰밭을 걷고 있는 사람 같다는 주변 기업인들의 한탄을 종종 듣곤 한다. 기업 경영에서 얻어지는 부는 고용을 통한 가계와 세금으로 다시 환원되며 국부를 이룩하지만, 기업이 망하면 경영자의 땀과 노력이 무너지고 노동자의 일자리도 사라지며, 세금도 내지 못해 결국 국가도 손해를 입는다.

  나라의 근원은 기업이고, CEO는 그 기업을 경영하는 사람이다. 사회는 CEO를 바라보는 어린이의 사고를 다양하고 긍정적으로 키워줘야 한다. 기업인이 노동자를 착취한다는 부정적 관념 대신 함께 상생하는 노사관계의 중요성을 알려주어야 한다. 또한, 반(反)기업 정서를 부추기기보다 모범 경영 사례를 부각시켜 CEO에 대한 판단을 올바르게 할 수 있도록 도와야 한다. 그래서 아이들이 CEO를 떠올릴 때 단순히 부자가 아니라 국가 사회 경제를 이끌어 가는 주체로 깨닫게 해야 한다. 미래 사회에서 CEO가 되길 희망하는 아이들이 많아질수록 경제는 더욱 발전하고, 국가 경쟁력은 더욱 높아질 수 있다.

한국경제신문. 2018.10

참된 인재상 人材像

오랜 직장생활과 경영자로서의 경험을 바탕으로 젊은이와 CEO를 꿈꾸는 도전적인 인사에게 권하는 직장인이 갖추어야 할 다섯 가지 덕목이 있다.

첫째, 기업가 정신이다. '사원이 아닌 주인으로서 일한다'는 긍지와 경영의식을 바탕으로 항상 회사가 발전할 방안을 생각해내고 이를 실천하여 성과를 거두는 것이다. 둘째, 학이시습지 學而時習之의 자세이다. 언제나 배우고 때때로 익히는 자세를 기본으로 자신이 맡은 직무를 포함한 다양한 분야에 평생 학습하는 자세로, 새로운 지식을 익히고 자기 계발에 정진하는 사람이 되어야 한다. 셋째, 팀워크이다. 아무리 능력이 뛰어나도 혼자서 일할 수 없는 곳이 바로 직장이다. 진정한 인재는 주위의 사람을 배려할 줄 아는 포용력과 조화로운 성품을 갖추어야 한다. 이 같은 자세로 팀워크를 발휘할 때 자신의 능력보다 더 높은 성과를 이루어낼 수 있다. 넷째, 책임감이다. 직장에서 참된 인재로 인정받기 위해선 합리적인 사고와 원칙에 따라 자신에게 주어진 일을 수행하되, 어려운 과정에서도 맡은 바 임무를 완수하는 책임의식과 열정을 지녀야 한다. 마지막으로 탐구

심과 적극성을 강조하고 싶다. 항상 가치 있는 것을 찾고 연구하는 자세가 직장인의 참된 보람이다. 새로운 것을 탐구하려 하지 않고 하던 대로 일을 게을리 하면 좋은 인재가 되지 못하고 자리를 유지하기조차 어려워질 수 있다.

세월이 흐르면서 고용 시장도 변하고 있다. 많은 직장이 연봉제를 시행하면서 과거와 같이 시일이 지나면 으레 승진되고 월급이 오르는 연공서열의 시대는 지났다. 특별한 사유가 없는 한 정년을 보장받는 정년제의 개념 역시 사라지고 있다. 이러한 세태의 변화를 각박하다고 탓할 수도 없다. 남이 잘되었다고 시기하거나 헐뜯을 일이 아니다. 그래 봐야 부질없는 일이다. 오늘날처럼 개개인의 다양성과 업무의 복잡성이 강화되는 시대에서 지나친 평등의식을 강조하는 것은 오히려 하향평준화를 일으킬 수도 있다.

적극성을 지닌 사람이라면 어떤 직장에서도 일 잘하는 사람, 일을 맡아서 훌륭하게 해내는 사람, 믿고 일을 시켜도 안심이 되는 사람으로 인정을 받게 된다. 맡은 일을 훌륭하게 이루려는 마음은 누구나 가지고 있지만, 사람에 따라 그 성과의 차이가 난다. 결국 맡겨진 일에 충실함은 당연한 일이요, 나아가 창의력을 발휘해 새로운 업무를 개발하는 기업가 정신을 갖추어야 경쟁 사회에서 살아남을 수 있다.

한국경제신문. 2018.10

전문 경영인

    기업의 성장은 여러 분야에 파급 효과를 일으킨다. 기업은 인류가 필요로 하는 상품을 생산하면서 일자리를 만들고, 상품을 판매하는 과정에서 자금을 순환시켜 국가 산업을 발전시킨다. 여기서 발생한 이익은 운영비, 임금, 세금 등으로 재분배되면서 사회 경제를 돌리는 원동력이 된다. 한편, 왕성한 의욕을 가진 기업가는 수익을 기반으로 기업의 범위를 확장하고 타 업종으로 진출하는 다각 경영의 방침을 세워 기업을 성장시킨다.

    경영은 균형$_{Balance}$이다. 각 부문이 균형에 맞게 운영되어야 한다. 기업가는 능력이 뛰어난 사람을 전문경영자로 발탁한다. 주로 신설 회사의 경영책임을 맡기기도 하는데, 기업가와 함께 기업이 성장하는 '동반자' 역할을 요구하게 된다. 전문경영자는 경영의 성과를 올리고 안정적으로 회사를 운영해야 한다. 따라서 전문경영자는 재무회계와 인사 능력이 갖추어져야 한다. 경영학을 전공하지 않았다 하더라도 재무제표도 읽을 줄 알아야 한다. 기업의 손익, 재무상태 등 기업의 상황을 즉각적으로 확인할 수 있는 자료이기 때문에 재무나 회계를 모르는 경영자는 기업을 경영하면서 문제에 직면할 수 있다.

또한, 경영자는 모든 구성원이 불평 없이 신나게 일하는 회사를 만드는 것이 중요하다. 사람을 다루는 것은 쉬운 일이 아니다. 여기에 빠르게 변화하는 사회를 파악하기 위해 신제품의 개발이나 신기술의 도입, 마케팅, 정보 파악과 구매자 우위의 시장Buyer's market 시대에 판매 분야의 역량도 있어야 한다. 결국 전문경영자는 전문가로서의 식견과 덕망으로 표현되는 리더십이 강해야 하고 기업가 정신이 투철해야 대성할 수 있다. 물론, 전문경영자의 기본은 기업의 수익 창출이다.

지난 4월 통계청과 여성가족부에서 발표한 '2018 청소년 통계' 조사 결과 청소년 4명 중 1명은 공무원을 희망 직업으로 꼽았다고 한다. 직업 안정성을 추구하는 현상이 강해지면서 상대적으로 연봉이 높은 대기업 선호도가 갈수록 낮아지고 있다. 공무원 선호 현상이 비단 어제오늘 일은 아니지만, 젊은 인재의 도전정신과 진취성이 사라져 전문경영인을 육성하지 못하는 사회가 되지 않을까 걱정이 앞선다. 물론 불안한 사회구조가 젊은이들에게 안정적인 생활을 선망하게끔 만드는 것일지도 모른다. 그래도 나는 젊은이들이 전문경영인의 꿈을 많이 가졌으면 한다. 기업의 성장이 국가의 발전이요, 부富를 성취하는 길이기 때문이다.

한국경제신문. 2018.10

고적을 찾는 재미

나는 경영 일선에 있을 때부터 여유를 갖고자 문화재에 관심을 가졌다. 특히, 고적을 찾기 시작하면서부터 우리나라가 거대한 문화유적 국가임을 새삼 알게 되었다. 이전에는 진기한 문화재들이 전국 곳곳에 산재하여 있음을 미처 알지 못했다. 특히, 사찰은 고적들과 문화재들을 많이 볼 수 있는 야외 박물관 같다. 우리나라는 오랫동안 불교 문화권에 있었기 때문에 사찰 경내에는 종교를 떠나 선인들이 남겨놓은 예술품이 많다. 그 문화재를 찾으며 감상하는 풍미는 참으로 멋들어진 일이다. 때때로 절은 없어지고 석탑이나 비갈碑碣만이 덩그러니 서 있는 두메산골 속 옛 절터를 찾기도 한다. 옛 자취를 찾는 일은 혼자면 재미가 덜하니 함께 담소를 나눌 수 있는 친구나 가족이 동행한다면 더욱 즐겁게 다녀올 수 있다.

고적은 서울 시내 근교에도 많이 있다. 어느 곳을 가면 좋을지 확신이 서지 않는다면 유홍준 작가의 베스트셀러『나의 문화유산답사기』를 참고하는 것도 좋다. 서울 근교와 지방 곳곳의 문화유적지를 소개하는 책인데 정리가 잘 되어 있어 고적 탐방에 도움이 된다.

　내가 갔던 곳으론 강화도 덕진진을 비롯해 수원시의 수원화성, 여주의 신륵사와 고달사지, 세종대왕릉, 충주의 중원고구려비 중앙탑, 예산의 추사고택, 해미읍성, 서산의 마애불 등으로 모두 당일 코스로도 가기 적당한 곳이었다.

　시간 여유가 있다면, 우리나라에서 문화재가 가장 많이 남아있는 지역인 경주지역과 백제 문화권인 공주와 부여, 익산에서 유서 깊은 고찰古刹과 유적遺蹟을 만나보는 것을 권한다. 두 곳 모두 유네스코UNESCO에서 선정한 세계문화유산 유적이다. 유네스코는 각국의 문화유산을 지정하여 문화재로 보존·관리하는 국제기구로 우리나라의 세계문화유산은 지난 6월 30일 새롭게 지정된 산사, 한국의 산지 승원을 비롯해 2018년 기준 전국에 12개가 있다.

　가벼운 마음과 간편한 복장으로 유서 깊은 고적을 방문하여 다소곳이 옛것을 음미하는 취미는 쉽게 가질 수 있지만, 실행에 옮기기까진 쉽지 않다. 남들이 가는 곳으로 따라다닐 것이 아니라 스스로 옛것을 찾고 옛 문화를 현대 문화와 비교해보며 즐기는 문화인이 되어야겠다. 우리의 문화재를 자주 보고 우리 문화의 참맛에 빠져드는 한국인이 되자.

한국경제신문. 2018,10

불철주야 不撤晝夜

나는 대학에서 경영학을 전공한 후 회사에 입사해 월급쟁이로 30년을 보냈다. 평사원 시절엔 집에서 쉬는 것보다 회사를 위해 근무하는 것이 좋았다. 주중은 물론 주말까지 불철주야不撤晝夜 회사에서 열정적으로 근무하는 것이 당시 내가 누리던 즐거움이었다. 휴식보다 일에 열중하여 기업 발전에 힘써 성과를 올리고, 이를 원동력으로 하여 55세에 회사를 창업해 지금의 위치에 이르렀으니 나도 꽤 열정적인 삶을 살았다는 생각이 든다. 열정은 개인뿐만 아니라 기업의 성장에도 중요한 긍정적 효과를 준다.

회사 창업 후 사업이 자리잡아가던 당시, 시설 관리를 확인하고자 늦은 저녁에 천안에 위치한 회사 공장과 연구소를 방문했다. 일이 끝난 공장엔 불이 꺼져 있었다. 그렇지만 연구소는 퇴근 시간이 한참 지난 저녁인데도 불이 켜져 있었다. 많은 직원들이 일하는 중이었다. 한 연구원에게 이렇게 늦게까지 퇴근을 안 하고 여태껏 일하느냐고 물었다. 그 연구원은 연구 기록서를 작성하기 위한 실험이 끝나지 않아 야근 중이라고 했다. 진행하는 과제를 끝마쳐야 퇴근할 수 있단다. 그 말을 들은 후 나는 퇴근이 늦어지는 직원들이 연구소 가까운 곳에 쉬며 지낼 수 있는 연구소 근처 아파트를 마련하라고 연구소장에게 일렀다. 나는 연구원들의 깊이 있는 연구와 새 상품 개발이 화장품의 품질을 결정하는 중요한 부분이라고 믿고 있다. 그래서 연구원들을 위해 숙소도 마련해주고, 새로운 연구 장비 및 기계를 사들이는 데 돈을 아끼지 않았다. 그 결과 코리아나 화장품은 2018년 10월 기준 425건(국내 358건, 해외 67건)의 특허를 보유한 우량 상품 제조 회사로 성장했다.

코리아나 화장품의 3대 비전 중 하나는 '기술 개발로 세계를 지향한다'이다. 연구를 통한 품질 향상은 소비자들의 선택을 받는다. 그렇기 때문에 불철주야不撤晝夜로 연구에 매진하는 연구원과 업무에 열정적인 사원들은 우리 회사의 커다란 자부심이고 자원이다. 늦은 시간까지 일하며 업무에 충실한 사원들은 자신을 위해, 기업을 위해, 국가를 위해 큰 공헌을 하고 있다. 사원들의 열정적인 태도를 볼 때마다 보람을 느낀다.

올해 하반기부터 시행된 주 52시간 근로제는 선진국으로 접어드는 현 사회에 발맞춘 제도라고 생각한다. 근무 시간이 줄어든 만큼 업무 강도가 높아지게 될 것이다. 업계에서 뒤지지 않기 위해서는 수많은 시간과 금액을 투자하며 산업 경쟁력을 높여야 한다고 생각한다. 휴식을 취할 수 있는 여가를 즐기기 위해 업무에 집중하며 능률적으로 일해주길 다수의 직장인에게 당부하고 싶다.

한국경제신문. 2018.10

詩

四代母情

兪 相 玉

세상이 바뀌었다
벌써 바뀌었다
이제 바뀌나

80 넘어 사신 할머니
큰아들 둘째 셋째 먼저 보내고
손자 손 잡고 외로이 지내신 큰집 종부

아버지 불의로 가신 지 63년
그간 성묘 몇 번 갔었나
가신 뒤 집안 돌보아온 나

아버지 보내고 30년 더 사신 어머니
시집와서 제사 모시랴 애쓴 아내
못 이겨 나가고 힘들어 내어놓은 며느리

아버지 가시고 서러웠던 어머니
궁핍 이겨내며 받들었던 아내
애쓰다 애쓰다 못 당한 며느리

아버지 어머니 세월이 흘렀어요
아내와 며느리들 애썼어요
내 뜻 받아 차례 드린 고마운 아내

2017. 10. 4. 추석날

모으고 나누고 가꾸고

兪相玉 수필집

한국수필가협회